## *Das Thüringer Rhön Kochbuch*

*– Zwischen Räuber-Paulus und Zammete –*

*Heiko Möllerhenn, Udo Hodam*

ISBN 978-3-86037-466-5

1. Auflage

©2012 Edition Limosa GmbH
Lüchower Straße 13a, 29459 Clenze
Telefon (0 58 44) 97 11 63-0
Telefax (0 58 44) 97 11 63-9
mail@limosa.de, www.limosa.de

**Redaktion:**
Heiko Möllerhenn, Udo Hodam

**Lektorat:**
Ulrike Kauber

**Satz und Layout:**
Sathis Nageswaran, Zdenko Baticeli, Lena Hermann, Christin Stade

**Korrektorat:**
Gerd Schneider

**Unter Mitarbeit von:**
Martina Bergmann

**Medienberatung:**
Heiko Möllerhenn

Gedruckt in Deutschland.

Alle in diesem Buch enthaltenen Angaben, Ergebnisse usw. wurden von den Autoren nach bestem Wissen erstellt und von ihnen sowie dem Verlag mit größtmöglicher Sorgfalt überprüft. Dennoch sind Fehler nicht völlig auszuschließen. Daher erfolgen alle Angaben usw. ohne jegliche Garantie des Verlages oder der Autoren. Wir übernehmen deshalb keinerlei Verantwortung und Haftung für etwa vorhandene inhaltliche Unrichtigkeiten.

Das Werk einschließlich aller seiner Teile ist urheberrechtlich geschützt. Jede Verwertung außerhalb der engen Grenzen des Urheberrechtsgesetzes ist ohne Zustimmung des Verlages unzulässig und strafbar. Das gilt insbesondere für Vervielfältigungen, Übersetzungen, Mikroverfilmungen sowie die Einspeicherung und Verarbeitung in elektronischen Systemen.

Heiko Möllerhenn, Udo Hodam

# Das THÜRINGER RHÖN KOCHBUCH

## Zwischen Räuber-Paulus und Zammete

## Die Autoren

Heiko Möllerhenn ist ein echter Rhöner (Jahrgang 1963) und hat zunächst den Beruf eines Werkzeugmachers erlernt. Erst 1984 stieg er in die elterliche Gaststätte »Zur Guten Quelle« ein und schulte zum Restaurantfachmann um. Ende der 1980er Jahre qualifizierte er sich als Gaststättenleiter und in den 1990er Jahren legte er einen Qualifizierungslehrgang zum Berufsausbilder für Restaurant- und Hotelfachleute ab. Der Gasthof wurde erst 1990 wieder reprivatisiert. Nach mehreren Umbauten des Hauses hat er im Jahr 2000 den elterlichen Betrieb (in der 5. Generation in Familienhand) übernommen. Seitdem führt er mit seiner Frau Kerstin in Kaltensundheim den Rhöner Landgasthof.

Durch seine vielschichtigen Aktivitäten in den unterschiedlichsten Vereinen und Verbänden der Rhön und dadurch, dass er 60 Prozent seiner Waren aus der Region bezieht, ist Heiko Möllerhenn weit über die Grenzen der Thüringer Rhön bekannt.

Heiko Möllerhenn und sein Sohn Kevin Möllerhenn, der gelernter Koch ist, sammelten Rezepte aus der Region, und mit seinen Eltern stellte er viele Gerichte aus dem eigenen Fundus zusammen.

Udo Hodam (Jahrgang 1943) stammt aus dem anhaltinischen Köthen und kam als junger Lehrer 1966 in das Rhönstädtchen Kaltennordheim. In den Jahren 1993 bis 2001 hat er sich mit der Direktvermarktung ländlicher Produkte beschäftigt. Ihn interessiert das Leben im Biosphärenreservat Rhön, die Bräuche, Geschichten und Traditionen der Thüringer Rhön. Oft ist er als Wanderführer mit Reisegruppen unterwegs und zeigt ihnen die Einmaligkeit der Rhönberge. Er lieferte Geschichten und Bildmaterial für dieses Buch.

Heiko Möllerhenn    Udo Hodam

*Hutebuche auf der Hochrhön*

# Vorwort

Wie kamen wir auf die Idee, ein Kochbuch zu verfassen, wo es doch schon Kochbücher in den verschiedensten Varianten gibt?

Der Impuls für dieses Kochbuch kam von außen. So sprach mich Heiko Möllerhenn eines Tages an, ob ich nicht Interesse hätte, mit ihm ein Kochbuch »der anderen Art« zusammenzustellen. Was waren die besonderen Dinge? Das Kochbuch sollte Rezepte aus der Thüringer Rhön beinhalten, die in der heutigen modernen Küche kaum noch zur Anwendung kommen, aber es wert sind, bewahrt zu werden. Der zweite Aspekt sollte die Unterhaltung durch kleine Geschichten, Episoden und Erzählungen sein. Mit den vielen Fotos geben wir einen Einblick in die Schönheit der Rhönlandschaft und der vielen Sehenswürdigkeiten der Thüringer Rhön.

In den zwölf nachfolgenden Kapiteln haben wir für Sie eine Sammlung (zum Teil wiederentdeckter) alter, rhön-typischer und traditioneller Gerichte zusammengetragen. Über 160 Rezeptvorschläge sollen Ihnen als Anregung dienen, aber auch Ihre Fantasie anregen, indem Sie Rezepte nach Ihrem Geschmack abwandeln oder kombinieren.

Viel Spaß beim Ausprobieren, gutes Gelingen und natürlich Guten Appetit!

*Heiko Möllerhenn und Udo Hodam*

# Grußwort von Edgar Gottbehüt, Bürgermeister Gemeinde Kaltensundheim

Die Rhön gehört zu den schönsten Mittelgebirgen Europas. Ebenso vielfältig wie die Landschaft gestaltet sich auch der kulinarische Streifzug durch diese Region. Hier hat sich Typisches und Spezielles erhalten. Dies kennen zu lernen und auszuprobieren lohnt sich.

Ich möchte noch einen weiteren Aspekt anklingen lassen, dem seit Jahren meine Sympathien gelten – die Rückbesinnung auf die heimischen Produkte. Fast vergessen waren die Gerichte, die nunmehr eine Renaissance erleben. Einfache, aber schmackhafte Dinge erlebten somit ihre Wiedergeburt. Wer hätte zum Beispiel gedacht, dass man aus den heimischen Rhönforellen oder Rhönschafen Gerichte zaubern kann, die jedem Gourmet vorzüglich munden?

Dieses Kochbuch ist aber nicht nur eine Bereicherung für alle kulinarisch Interessierten. Es ist vor allem ein Beispiel für die fruchtbare Partnerschaft der ÖLV Rhönhöfe GmbH und dem Gasthof »Zur Guten Quelle«.

Gemeinsam mit der heimischen Landwirtschaft will man den Lebensraum Rhön als eine Region mit Zukunft fortentwickeln.

Das Kalorienzählen lassen wir bei diesen Gerichten einfach mal außer Acht, denn Genuss ist eine Kunst, die ohne schlechtes Gewissen gepflegt werden möchte. Denn: »Wer Essen und Trinken nicht genießen kann, der ist auch selbst meist ungenießbar!«

Den Leserinnen und Lesern des Rhöner Kochbuches wünsche ich viel Freude beim Zubereiten und dankbare Esser.

Ihr

Edgar Gottbehüt

*Bürgermeister Edgar Gottbehüt*

## Ein Dankeschön an die Rhöner

Allen Landfrauen und Personen, die mit Fotografien und schriftlichen Beiträgen, mit Ideen und mit persönlichen Rezepten dieses Buch mit geprägt haben, möchten wir ein großes Dankeschön sagen:

- Erich Heim, Kaltensundheim
- Karl Friedrich Abe, BSR Rhön
- Petra Ludwig, LPV Rhön
- Klaus Schmidt, Kaltennordheim
- Karola Schmidt, Kaltennordheim
- Eberhardt Mäurer, Dermbach
- Renate Möllerhenn, Kaltensundheim
- Jutta Zedlack, Breitungen
- Sonja Krug, Empfertshausen
- Sandra Sauerbrey, Breitungen
- Mechthild Grösch, Wüstensachsen
- Dr. Bernd Karn, Dermbach
- Frieder Dittmar, Kaltennordheim
- Irmgard Jakob, Steinberg
- Helga Witzel, Kaltensundheim
- Hubert Schuchardt, Steinberg
- Brunnhilde Rauch, Kaltensundheim
- Gisela Graf, Birx
- Evelyn Hofmann, Schafhausen/Rhön
- Hanna Metz, Unterbreizbach
- David Nolte, Kaltensundheim
- Jürgen Holzhausen, Weimarschmieden
- Wolfgang Scheidler, Kaltennordheim
- Egon Kümpel, Kaltenlengsfeld
- Helga Markert, Kaltenlsundheim
- Brigitte Vordran, Dorndorf
- Helga Möllerhehn, Kaltensundheim
- Carsten Kallenbach, Oberweid

*Auch ein Insektenhotel beherbergt der Klostergarten in Zella.*

## Geschichten und Erzählungen

| | |
|---|---|
| Die Rhön ist schön | 10 |
| Wie haben die Rhöner früher gegessen? | 14 |
| Holzschnitzerdorf Empfertshausen | 20 |
| Das Biosphärenreservat Rhön – eine Kulturlandschaft im Herzen Deutschlands | 26 |
| Der Frühling und seine Osterbräuche in der Rhön | 32 |
| Anekdoten um unser altes Rhön-Bähnlein | 46 |
| Die Zauberkraft des Johanniskrauts | 52 |
| Das Schlachtfest | 58 |
| Die Rhön – Wanderwelt Nr.1 | 65 |
| Das Rhönschaf | 73 |
| Der Heiratsmarkt in Kaltennordheim | 82 |
| Das Dorf der Brunnen | 88 |
| Die Probstei in Zella in der Rhön | 96 |
| Rhönräuber Paulus | 102 |
| Evangelische Wehrkirche in Kaltensundheim | 108 |
| Kelten in der Rhön | 114 |
| Mariä Lichtmess ist ein Tag mit einer langen Tradition | 118 |
| Auf Goethes Spuren in der Rhön | 126 |
| Die thüringische Rhön | 134 |
| Streuobstwiesen | 140 |
| Taubenmarkt in Dermbach/Rhön | 146 |
| Das Gemeindebackhaus | 152 |
| Vom Bierbrauen in der Thüringischen Rhön und der Rhönbrauerei Kaltennordheim | 158 |
| »Hollerecke« | 164 |

*Das Schloss Kaltennordheim mit der fünfhundertjährigen Amtslinde*

# Inhaltsverzeichnis

| | |
|---|---|
| Die Autoren | 4 |
| Vorwort | 5 |
| Grußwort von Edgar Gottbehüt, Bürgermeister Gemeinde Kaltensundheim | 6 |
| Ein Dankeschön an die Rhöner | 7 |
| | |
| Salate und Vorspeisen | 12 |
| Suppen und Eintöpfe | 22 |
| Gemüsegerichte | 42 |
| Fleischgerichte | 54 |
| – mit Rind | 54 |
| – mit Schwein | 61 |
| – mit Geflügel | 67 |
| – mit Lamm | 71 |
| – mit Wild | 76 |
| Fischgerichte | 78 |
| Soßen | 94 |
| Kartoffelgerichte und Beilagen | 100 |
| Nudelgerichte | 116 |
| Käsegerichte | 124 |
| Süßspeisen und Desserts | 130 |
| Kuchen und Torten | 142 |
| Getränke | 156 |
| | |
| Begriffserläuterungen | 166 |
| Maße und Gewichte | 167 |
| Abkürzungen | 167 |
| Rezeptregister, alphabetisch | 168 |
| Rezeptregister, nach Kapiteln | 171 |
| Bildquellennachweis | 175 |

*Wenn nicht anders vermerkt, sind alle Rezepte für vier Personen ausgelegt.*

*Kirmesgesellschaft von Oberkatz*

## Die Rhön ist schön

Kaum ein anderes Mittelgebirge Deutschlands ist so vielgestaltig und abwechslungsreich wie das »Land der offenen Fernen« im Mittelpunkt Deutschlands. Das Gebiet im Dreiländereck von Bayern, Hessen und Thüringen besticht durch landschaftliche Schönheit.

Die wertvollen Landschaftsräume, baumlosen Kuppen, Moore, Mischwälder und die einzigartige Fauna und Flora waren 1991 die Grundvoraussetzung für die Anerkennung der Rhön als Biosphärenreservat. Die vielfältige Pflanzen- und Tierwelt hat in der Thüringischen Rhön zur Ausweisung vieler Naturschutzgebiete geführt, weil hier Silberdisteln, Orchideen und Trollblumen gedeihen, der Birkhahn balzt und man seltene Schmetterlinge sowie Reh- und Muffelwild findet. Auf den ausgedehnten Kalkmagerrasenflächen sieht man wieder verstärkt das Rhönschaf weiden.

*Das stolze Rathaus in Vacha*

*Mittelsdorf und im Hintergrund das Umpfenmassiv*

»Rhön« – dieser Name, der so viel wie »Berg« oder »Höhenzug« bedeutet, geht auf die Kelten zurück, die hier schon vor über 2300 Jahren in den Flusstälern des bewaldeten Triasgesteins Fuß fassten. Eine andere Bezeichnung, die einst ihren Ursprung im reichen Buchenbestand hatte, gibt der Landschaft den Namen: Buchonien. Dieses Wort, aus dem Lateinischen stammend, fand über das althochdeutsche »Buchha« – Buchenland – Eingang in unseren Sprachschatz.

Im einstigen Armenhaus Deutschlands, in dem es mehr Steine gab als Brot, pulsiert heute ein vielgestaltiges Leben in den Dörfern und Städtchen. Wie in früheren Jahren treffen sich die Leute nach getaner Arbeit, um gesellig zusammenzusitzen und zu feiern, wie es die Altvorderen pflegten. Aus einer Gegend der Habenichtse, der armen Schlucker, der Geschundenen, ist eine Gegend der Selbstbewussten, eine Landschaft der schönen Dörfer, der ergiebigen Felder, der satten Wiesen geworden. Touristische Anbieter haben sich in Vacha, Stadtlengsfeld, Dermbach, Geisa, Kaltennordheim, Kaltensundheim, Frankenheim, Birx, Helmershausen und Wasungen niedergelassen.

*Wiese mit Winterlingen bei Föhlritz*

*Der Altarraum der evangelischen Kirche von Dermbach*

Salate und Vorspeisen

# Gefüllte Eier

| | |
|---:|:---|
| 4 Eier | hartkochen, abpellen und längs halbieren, Eigelb herausnehmen und durch ein Sieb streichen. |
| 100 g Mayonnaise Senf, Salz | und etwas |
| 1 Prise Zucker | gut mit dem Eigelb vermengen. Die cremige Masse mit einer kleinen Pergamenttüte in die Eihälften spritzen. |
| 50 g Radieschen | in dünne Scheiben schneiden und zu einer Blume ringsum in die Eicreme stecken. Aus |
| 100 g Tomaten | und |
| 50 g Salatgurke | kleine Keile schneiden und um die Eier legen. |

# Rettich-Apfel-Salat

| | |
|---:|:---|
| 4 Äpfel | schälen, entkernen und in grob raspeln. Anschließend mit |
| Zitronensaft | beträufeln. |
| 1 Rettich | schälen, raspeln. |
| 100 ml süße Sahne | |
| ½ TL Senf | mit |
| 1 TL geriebener Meerrettich | sowie |
| Pfeffer, 1 Prise Zucker | verrühren. Alle Zutaten in eine Schüssel geben, gut vermengen und 15 Minuten ziehen lassen. |

*Dazu genießt man ein dunkles Bier.*

*Schlüsselblümchen auf einer Bergwiese unter der Alten Mark*

Salate und Vorspeisen

# Bunter Heringssalat

| | |
|---:|:---|
| 8 Matjesfilets | in mundgerechte Stücke und |
| 2 säuerliche Äpfel | in Würfel schneiden. |
| 3 Frühlingszwiebeln | in feine Ringe schneiden. Anschließend |
| 2 Tomaten | würfeln. |
| 150 g Mais | und die restlichen Zutaten in eine Schüssel geben und vermengen. |
| 2 EL Matjesöl | und |
| 500 g saure Sahne | zugeben. Mit |
| Wacholderbeeren, Lorbeerblätter | würzen. |

*Dazu isst man Vollkornbrot mit Butter.*

*Apfelblüte am Köpfchen*

Armselige Katen sind Zeugnisse der Lebensweise vieler Schnitzer in den vergangenen Jahrhunderten.

## Wie haben die Rhöner früher gegessen?

Die Dürftigkeit seines Lebens spiegelte sich in den einfachen Speisen wider, die der Rhöner kannte. Nachdem am Morgen das Vieh versorgt war, tranken die Rhöner Kaffee. Kaffeebohnen kannten sie aber nur bei festlichen Gelegenheiten. An einem gewöhnlichen Tage wurde Gerstenkaffee oder »Butzebröh« gekocht. Erst um die Mitte des 19. Jahrhunderts wurde der Kaffee im Feldatal bekannt und so gibt es aus jener Zeit folgende Anekdote: »Man kannte den Gebrauch des Kaffees so wenig, dass einst eine Weibsperson von Unteralba ihrem Liebhaber einen guten Kaffee machen wollte. Sie schüttete die Brühe weg und schlug ein Ei in den Kaffeesatz.«

Mit einem Stück trockenem Brot gab sich ein Rhöner zum Kaffee zufrieden. Meist waren noch die älteren Leute daran gewöhnt, zum Kaffee gekochte oder auch gebratene Kartoffeln zu essen. Kuchen gab es an gewöhnlichen Wochentagen nicht, falls nicht gerade, gelegentlich zum Backtag, die Frau einen »Brot- oder Zwübbelskoche« gebacken hatte. Nur an Sonntagen wünschte sich der Rhöner seinen Kuchen, und der »Trockene« sowie der »Isekoche« sind dann überall zu finden gewesen. Die Hauptmahlzeit wurde zwischen 11 und 13 Uhr gehalten. Die Zeit war nicht genau festgelegt, sie richtete sich im Sommer nach der Feldarbeit, in der übrigen Zeit aber auch nach dem Schulbesuch der Kinder. Reichhaltig und abwechslungsreich war der Speisezettel nicht. Hülsenfrüchte und Kartoffelspeisen waren vorherrschend. Der Sonnabend war allgemein als Tag der Linsensuppe bekannt, während der Montag für »Überlänges« (Überlanges, Übriggebliebenes) vom Sonntag geeignet war – wenn nicht Kartoffelsuppe gekocht wurde.

Von den Lieblingsgerichten müssen die »Kante«, die »Flökel« und der »Kumpst« genannt werden. Sonntags waren die in ganz Thüringen beliebten Kartoffelklöße, die der Rhöner »Hötes« oder »Hütes« nennt, die Nationalspeise in jedem Haus. Beim Abendessen bildete die Kartoffel wiederum den Hauptbestandteil. Schalenkartoffeln, Schweineschmalz und Kaffee waren selbst in besser gestellten Familien kein seltenes Essen. »Gronne Mellich« (geronnene, saure Milch) und »Zammete« war schon ein Essen, das sich nur Bauern leisten konnten, die »früschmelke Köh« (frischmelkende Kühe) im Stall hatten. Hinter den genannten Speisen traten Wurst, Schinken und Eierspeisen zurück, denn nur an Feiertagen wurde der nicht allzu große Vorrat angegriffen.

*Kräuterspirale*

Salate und Vorspeisen

## Gefüllte Tomatenpilze

| 400 g Tomaten | Von jeder Tomate einen Deckel abschneiden und das Fruchtmark mit dem Teelöffel entfernen. |
| 300 g Fleischsalat | in die Tomaten füllen und den abgeschnittenen Deckel wieder aufsetzen. |
| 20 g Mayonnaise | in eine aus Pergamentpapier gefertigte Tüte füllen und auf die Tomaten kleine weiße Punkte spritzen. Mit reichlich |
| Petersilie (grob gehackt) | garnieren. |

## Rhöner Bärlauch-Baguette

| 1 Bund frische Bärlauchblätter | fein hacken und mit |
| 3 Prisen Salz | etwas |
| Pfeffer | sowie |
| 300 g Butter | bei Zimmertemperatur verrühren und kühl stellen. |
| 2 Vollkorn-Baguettes | längs durchschneiden. Die Bärlauchbutter auf die halbierten Baguettebrote streichen. Im vorgeheizten Backofen bei 180 °C etwa 5 Minuten überbacken, danach aufschneiden und servieren. |

*Als Partybegleiter, zu Bier oder Wein.*

Die Blütenpracht im Forstbotanischen Garten von Wasungen

*Gartenstillleben*

# Schüsselsülze

*Von Sandra Sauerbrey aus Breitungen*

| | |
|---:|---|
| 500 g Kalbfleisch | |
| 500 g Schweinefleisch | |
| 500 g Rindfleisch | und |
| 2 Kalbsfüße | mit |
| 500 ml Wasser | aufsetzen und köcheln lassen. Abschäumen, dann |
| Salz, Pfeffer | |
| 5 Nelken | |
| 5 Lorbeerblätter | |
| 1 mittelgroße Zwiebel (in Scheiben) | |
| 2 Salbeiblätter | und |
| 3 Zitronenscheiben ohne Schale | zugeben. Wenn das Fleisch weich ist, herausnehmen und in kleine Würfel schneiden. Die Brühe aufheben. Das Fruchtfleisch von |
| ¼ Zitrone | |
| 1 Zwiebel (fein geschnitten) | etwa |
| 60 g Sardellen | |
| 10 Kapern | und |
| Pfeffer (gemahlen) | zu den Fleischwürfeln geben. Die Fleischbrühe pikant würzen, einkochen und anschließend über das Fleisch gießen. Nun alles verrühren und in eine kalt ausgespülte Form geben. Kühl stellen, nach dem Erkalten aus der Form stürzen. |

*Breitungen im Werratal*

## Salate und Vorspeisen

# Sülzwurstsalat

| | |
|---:|:---|
| 300 g Sülzwurst | und |
| 2 kleine Salatgurken | in Würfel schneiden. |
| 1 Zwiebel | in kleine Stücke schneiden und über die Sülzwurst-Gurken-Mischung geben. Den Salat mit |
| Essig | und |
| Öl | vermischen. Mit |
| Salz, Pfeffer | würzen. Zum Schluss |
| Schnittlauch | und |
| Petersilie | hacken und über den Salat streuen. |

*Anstatt Gurken kann man auch Paprika oder Tomaten verwenden.*

*Schild an der bayrischen Grenze bei Melpers*

*Frühlingsblüher zwischen Stein und Ton*

Salate und Vorspeisen

# Sauerkrautsalat

| | |
|---:|:---|
| 250 g Sauerkraut | grob hacken und |
| 1 Apfel | dazureiben. |
| 1 Zwiebel | fein schneiden, |
| ½ TL Zucker | und |
| 2 EL Öl | zugeben. Die Zutaten locker untereinander heben. |

# Weißkrautsalat

| | |
|---:|:---|
| 500 g Weißkraut | fein raspeln, mit |
| Zucker, Salz | bestreuen. Das Ganze 20 Minuten ziehen lassen, anschließend gut vermischen. |
| 2 Äpfel | in Streifen schneiden und mit |
| Zitronensaft | beträufeln. Die Äpfel zu dem Weißkraut geben. |
| 2 EL Sonnenblumenöl | zufügen und alles vermengen. |
| 150 g Naturjoghurt | |
| 1 EL Obstessig | und |
| 1 EL Zucker | mit |
| 1 Prise Salz | |
| Pfeffer | verrühren. Über den Salat geben und vermischen. |

*Mohn und Rittersporn am Kuhkopf bei Diedorf*

*Kräuterbeet auf dem Lindighof*

## Salate und Vorspeisen

# Rhöner Wurstsalat

| | |
|---:|:---|
| 400 g Fleischwurst | und |
| 100 g Gewürzgurken | in Streifen schneiden. |
| 2 Zwiebeln | sowie |
| 200 g gekochte Kartoffeln | in Scheiben schneiden. |
| 3 EL Sonnenblumenöl | |
| 2 EL Obstessig | und |
| 1 TL Senf | verrühren und eine Salatsoße herstellen. Anschließend mit |
| Salz, Pfeffer | |
| Zucker | abschmecken. Die Salatsoße über die anderen Salatzutaten geben, gut vermengen und 15 Minuten abgedeckt ziehen lassen. |

# Kartoffel-Speck-Salat

| | |
|---:|:---|
| 1 kg Kartoffeln | kochen, schälen und in Scheiben schneiden. |
| 200 g Rauchfleisch | in kleine Würfel schneiden und ausbraten. Kartoffeln mit |
| Salz, Pfeffer | |
| Essig, Öl | und |
| Zwiebeln (fein gehackt) | mischen. Abschmecken und anschließend mit dem ausgelassenen Rauchfleisch übergießen und vermengen. Zum Schluss mit |
| Kräuter (frisch) | verfeinern. |

*Dazu kann man Rostbrätl oder auch Brat- oder Bockwurst essen.*

*Die trutzigen Mauern des Schlosses in Bibra*

Für Zwischendurch

# Holzschnitzerdorf Empfertshausen

Das Holzschnitzerdorf Empfertshausen wurde 825 erstmalig in einer Schenkungsurkunde an das Kloster Fulda erwähnt. Die Gemeinde Empfertshausen liegt in der Auersberger Kuppenrhön und gehört zum Biosphärenreservat Rhön. Das Dörfchen befindet sich zwischen Kaltennordheim und Dermbach am Nordhang des 674 Meter hohen Horbel.

Wegen des rauhen Klimas der Rhön waren die landwirtschaftlichen Erträge gering, deshalb wurden die Viehzucht und der Anbau von Flachs bevorzugt. Empfertshausen war zunächst ein auf Weberei und Blaudruck spezialisiertes Dorf. Die notwendigen

*Im Schnitzsaal der Schnitzschule*

*Geschnitzte Ortseingangsschilder sind das Markenzeichen des Schnitzerdorfes Empfertshausen.*

## Für Zwischendurch

kunstvollen Druckmodelle wurden von begabten Schnitzern des Dorfes hergestellt. Das Schnitzen als Gewerbe konnte schon um 1780 im Ort nachgewiesen werden. In enger Zusammenarbeit mit Ruhlaer Unternehmern kam die Tabakpfeifenherstellung in die Rhön. Die Empfertshäuser lieferten zunächst nur kunsthandwerkliche Tabakpfeifenköpfe auf Bestellung. In den späteren Jahren kam auch die Schnitzerei von Back- und Buttermodellen, Peitschenstöckchen sowie Krippenfiguren hinzu. Das Rhöndörfchen Empfertshausen entwickelte sich zum Zentrum der Rhöner Lohnschnitzerei. Ebenso wie in den Nachbargemeinden Kaltennordheim und Klings gibt es heute noch Schnitzereibetriebe.

Der Bau der Feldabahn 1884 brachte einen spürbaren wirtschaftlichen Aufschwung in das Feldatal. Im Jahre 1878 besuchte der Großherzog Carl Alexander von Sachsen-Weimar-Eisenach die Rhön. Der Besuch bewirkte die Gründung der ersten Schnitzerschule in Empfertshausen. Unter der Leitung des Bildhauers Reinhold Giese wurde sie als Berufsschule eröffnet. Bereits 1898 wurde die Staatliche Schnitzschule Empfertshausen in den Räumen der alten Dorfschule eröffnet. Hier legten die Gesellen ihre Prüfungen ab und fünf Jahre später wurden auch Meisterprüfungen abgenommen. Zunehmende Nachwuchsbildung machte 1936/1937 einen Neubau der Schnitzschule oberhalb des Ortes notwendig. 1943 musste die Schule geschlossen werden, weil der Leiter aus einem Kriegseinsatz nicht zurückkehrte. Die alte Schnitzschule wurde von 1937 bis 1992 als Grundschule genutzt.

Die Schule konnte 1947 mit viel Improvisation wieder eröffnet werden, wobei sich der Bildhauer und Kunsterzieher Otto Schmidt besondere Verdienste erwarb. Die Schnitzerschule war ab 1951/1952 »Fachgrundschule für Angewandte Kunst«. Aus politischen Gründen wurde diese Schule 1963 aufgelöst und die Ausbildung zum Holzbildhauer dem »VEB Rhönkunst Empfertshausen« im Ort übertragen. Die bisherige Schnitzschule wurde Polytechnische Oberschule, bis 1992.

Nach der Wende konnte durch persönlichen Einsatz der Lehrkräfte und anderer verantwortungsbewusster Persönlichkeiten die Berufsausbildung zum Holzbildhauer dauerhaft gerettet werden. Die »Alte Schnitzschule« (erstes Schnitzschulengebäude von 1898) dient als Holzschnitzermuseum, ebenso aber auch als kulturelle und touristische Begegnungsstätte.

*Auf dem Hof der Schnitzschule Empfertshausen*

Suppen und Eintöpfe

# Eintopf von weißen Bohnen

| | |
|---:|:---|
| 250 g Bohnen | einweichen und ankochen. |
| 250 g Schweinefleisch | in Würfel schneiden und dazugeben. Das Ganze in |
| 1 l Wasser | etwa 1 bis 2 Stunden kochen lassen. |
| 1 Zwiebel | und |
| 250 g Möhren | in |
| 30 g Fett | etwa 20 Minuten langsam dämpfen. |
| 500 g Kartoffeln | in kleine Stücke schneiden und mit |
| 10 g Salz | zusammen weich kochen. |
| 1 Bund Petersilie | zerkleinern und würzen. |

*Die Dorflinde von Empfertshausen*

*Dorflinde von Bibra*

## Suppen und Eintöpfe

## Biersuppe

*Von Jutta Zedlack aus Breitungen*

| | |
|---:|:---|
| 1 l Weißbier | nach Geschmack mit |
| Zucker | |
| 1 Stück Zimt | und |
| Zitronenschale | kochen. |
| 1 EL Reismehl | mit |
| 4 Eigelb | und |
| 200 ml Milch | glatt verquirlen. Das kochende Bier dazugießen und einmal aufkochen lassen. |

> *Eiweiß mit dem Schneebesen aufschlagen und die Suppe damit verfeinern.*

## Geröstete Grießsuppe

*Von Gisela Graf aus Birx*

| | |
|---:|:---|
| 20 g Butter | im Topf zerlassen. |
| 50 g Grieß | dazugeben und anrösten. Danach mit |
| 1,25 l Fleischbrühe | auffüllen. Mit |
| Suppengrün | gut abschmecken. |

*Denkmal am ehemaligen Grenzverlauf bei Oberweid*

Suppen und Eintöpfe

# Grießklößchensuppe

| | |
|---:|:---|
| 125 ml Milch | mit |
| 1 EL Margarine | |
| Salz | und |
| Muskat | aufkochen lassen. |
| 50 g Grieß | zugeben und solange rühren, bis sich ein glatter Kloß vom Topfboden abbäckt. Vom Herd nehmen und |
| 1 Ei (verquirlt) | unterarbeiten. Mit einem Löffel Klößchen abstechen und in |
| Salzwasser oder Brühe | gar ziehen lassen. |

# Pilzsuppe

| | |
|---:|:---|
| 1 große Zwiebel | klein schneiden und mit |
| 500 g Pilze (frisch) | in |
| 40 g Fett | dünsten. |
| 40 g Mehl | überstreuen, mit |
| Brühe | auffüllen und weich kochen. |
| 1 EL Petersilie | fein hacken und in die Pilzsuppe geben. |

*Anglerparadies an der Felda bei Diedorf*

*Fassschlitten eines Kaltensundheimer Nachwuchssportlers*

Suppen und Eintöpfe

# Gemüsesuppe

| | |
|---|---|
| 400 g verschiedene Gemüsearten (z.B. Möhren, Erbsen, grüne Bohnen, Lauch, Blumenkohl) | in feine Streifen schneiden und 5 Minuten in |
| 50 g Fett | dämpfen. |
| 40 g Mehl oder Grieß | darüberstreuen und kurz mitrösten. Das angeröstete Gemüse mit |
| 1,25 l Fleischbrühe (kochend) | auffüllen. |
| 2 – 3 Kartoffeln | schälen. Nach 15 Minuten Kochzeit zusammen mit |
| 100 g Nudeln (fein) | fertig garen. |

*Marktplatz mit Marktbrunnen in Vacha*

*Herbstaufnahme vom Giebelchen*

## Das Biosphärenreservat Rhön – eine Kulturlandschaft im Herzen Deutschlands

Die Rhön, ein Mittelgebirge in den Ländern Thüringen, Hessen und Bayern gelegen, ist eine Landschaft, die durch weite Sichten und Buchenwälder charakterisiert ist. Sie wird auch poetisch als »Land der offenen Fernen« beschrieben.

Das heutige Landschaftsbild wird hauptsächlich durch die Auswirkungen des tertiären Vulkanismus und die später erfolgten Abtragungen geprägt. So entstanden die typischen Basaltkegel und Deckenrestberge des Gebirges. Die Ablagerungen der Trias – Buntsandstein, Muschelkalk und Keuper – bilden den Grundstock des Gebirges. Durch Auslaugungen von Gips im Rötsalinar unter dem Muschelkalk kam es an einigen Stellen zu tiefen Einsturztrichtern, die sich dann meistens mit Wasser füllten. Diese Seen werden als »Kutten« bezeichnet und haben – in der an offenen Wasserflächen sonst armen Landschaft – besonderen Wert.

In einem natürlich verfüllten Erdfall (fossiler Erdfall) konnte 1957/1958 bei Kaltensundheim ein sehr gut erhaltenes, fast vollständiges Skelett eines Mastodon (ur-

*Küchenschellen an der Hohen Geba*

*Der Weg über die Felda zum Ibengarten bei Glattbach*

## Für Zwischendurch

zeitlicher Elefant) geborgen werden. Seine Länge betrug vier bis fünf Meter, die Schulterhöhe maß etwa drei Meter. Im thüringischen Teil des Biosphärenreservates sind großflächige Kalkmagerrasen vorhanden, die in Ausprägung und Pflegezustand in Deutschland einmalig sind.

Als typische Vertreter der Pflanzenwelt findet man hier die Küchenschelle, Silberdistel, verschiedene Knabenkräuter, Enzian und Wacholder. Haselmaus, Zauneidechse und Wärme liebende Schmetterlingsarten finden auf diesen Kalkmagerrasen ebenfalls ihren Lebensraum. Die Laubwälder der Rhön beherbergen noch eine reiche Tier- und Pflanzenwelt, repräsentiert durch Waldkauz, Rotmilan, Mäusebussard, verschiedene Orchideenarten und Märzenbecher. Vorherrschende Baumart ist die Buche, welche auch im Herbst durch eine herrliche Laubfärbung die besonderen Reize dieser Landschaft unterstreicht.

Im März 1991 wurde die Rhön von der UNESCO als Biosphärenreservat international anerkannt und gehört seither zu den weltweit über 564 Biosphärenreservaten in mehr als 100 Ländern. Damit wurde auch für Thüringen die Grundlage für den Schutz, die Pflege und Entwicklung einer der schönsten Mittelgebirgslandschaften Deutschlands gelegt.

*Ausgedehnte Kalkmagerrasen und Hutebuchen prägen das Bild der Rhön, hier bei Bettenhausen.*

*Silberdistel am Kahlköpfchen bei Roßdorf*

## Suppen und Eintöpfe

# Kartoffelsuppe vom Steinberg

| | |
|---:|:---|
| 500 g Kartoffeln | in Würfel schneiden und mit |
| Suppengrün | in |
| 1,25 l Salzwasser | kalt ansetzen und weich kochen. Aus |
| 40 g Fett | |
| 2 – 3 EL Mehl | und |
| 1 große Zwiebel (klein geschnitten) | eine hellgelbe Schwitze machen und unter die Suppe quirlen. 15 Minuten kochen. Mit |
| 1 Bund Petersilie (gehackt) | verfeinern. |

*Der Lehmbackofen im Keltendorf Sünna*

*Die Kelten auf der Wanderung*

## Grüne Bohnen-Suppe

| | |
|---:|---|
| 1 Bund Suppengrün | und |
| 50 g Zwiebeln | in kleine Würfel schneiden. Mit |
| 50 g Margarine | andünsten. |
| 250 g Rinderbrust | dazugeben und mitdünsten lassen. |
| 1,75 l Wasser | zum Kochen bringen, auffüllen und mit |
| Salz | würzen. Etwa 1 Stunde kochen lassen. |
| 500 g Schnittbohnen | klein schneiden und alles weiterkochen lassen, bis Fleisch und Gemüse gar sind. Die Suppe mit |
| Maisstärke | binden. Das Fleisch herausnehmen, klein schneiden, wieder in die Suppe geben, |
| Petersilie (gehackt) | überstreuen und servieren. |

## Weiße Bohnen-Suppe

| | |
|---:|---|
| 500 g weiße Bohnen | gründlich waschen und über Nacht einweichen. Am nächsten Tag die Bohnen in |
| 2 l Wasser | weich kochen. Von |
| 350 g Kartoffeln | schälen, klein schneiden und mit den Bohnen gar kochen. |
| 150 g Kartoffeln | schälen, grob raspeln, zum Schluss zugeben und kurz aufkochen lassen. |
| 50 g Speck | klein schneiden, in der Pfanne auslassen und ebenfalls zugeben. Mit |
| Essig, Salz | abschmecken. |

*Leben im Keltendorf – ein Wandbild im Keltenwaldhotel*

## Kohlrübensuppe

| | |
|---|---|
| 1,5 kg Spitzbein (gepökelt) oder Schweinekopf/ Fleischknochen | mit |
| Knoblauch | nach Geschmack gar kochen, die Brühe absieben. |
| 2 kg Kohlrüben | |
| 500 g Kartoffeln | und |
| 2 große Möhren | putzen und in kleine Stücke schneiden. Das Gemüse in der Fleischbrühe ebenfalls gar kochen. Das Fleisch vom Knochen lösen und in kleine Würfel schneiden. Das Fleisch wieder in die Brühe geben, Gemüse dazugeben und abschmecken, wenn nötig nachwürzen. |

## Käsesuppe

| | |
|---|---|
| 2 Ecken Schmelzkäse | und |
| 30 g Butter | schaumig rühren. |
| 1 Apfel | reiben, mit |
| 40 g Mehl | vermischen. Anschließend |
| 125 ml Milch | |
| Salz | |
| ½ TL Kümmel | und |
| 750 ml Brühe | zugeben, vermengen und aufkochen lassen. Die Suppe vom Herd nehmen und mit |
| 1 – 2 Eier | abziehen. |

*Futterstelle für die gefiederten Freunde*

Suppen und Eintöpfe

# Kartoffelsuppe aus Zella

| | |
|---:|:---|
| 100 g Möhren | schneiden und mit |
| 1 Sellerieknolle | sowie mit |
| Suppengrün | und |
| 50 g Speck (gewürfelt) | andünsten. |
| 500 ml Wasser | auffüllen. |
| 500 g Kartoffeln | schälen, würfeln und dazugeben. Aus |
| 1 EL Fett | und |
| 1 EL Mehl | eine helle Schwitze bereiten, mit |
| 500 ml Wasser | auffüllen und aufkochen lassen. Das Ganze zur Suppe geben. |
| 1 Bund Petersilie | zerkleinern und in die Suppe geben. |

*Rhönschafherde bei Unterweid*

*So schaut man auf Neidhartshausen von der Bundesstraße aus.*

Für Zwischendurch

# Der Frühling und seine Osterbräuche in der Rhön

Neben dem Pfingstfest ist das Osterfest das älteste und heiligste Fest der Christen. Die Wurzeln liegen im jüdischen Passah- (Pessach-) Fest. Dabei leitet sich das Wort Ostern vom indogermanischen Wort für Morgenröte ab. Die Osterzeit beginnt am Ostersonntag und endet mit dem Pfingstsonntag (50 Tage). So richtig kann niemand sagen, wie lange man Ostern schon feiert, denn die üblichsten Osterbräuche sind germanischen, das eigentliche Fest selbst jedoch ist jüdischen und das Datum christlichen Ursprungs.

Trotz des christlichen Ursprungs sind viele Osterbräuche heidnischer Herkunft. So ist der Hase ein germanisches Symbol für Fruchtbarkeit. Der Osterhase wurde von den evangelischen Familien im 17. Jahrhundert entwickelt. Er wurde zum Eierlieferanten und erstmals von dem Mediziner Georg Franck von Frankenau 1680 erwähnt. Der Osterhase sollte die Eier legen, bemalen und verstecken. Die Protestanten wollten sich so von den Katholiken distanzieren, deren Fastenbräuche und Eierweihen sie ablehnten. Da er als Sinnbild der Fruchtbarkeit, des Lebens und somit als Symbol für Ostern gilt, versteckte der Hase die Ostereier und nicht das Huhn. Richtig durchsetzen konnte er sich aber erst im 19. Jahrhundert. In manchen Gegenden brachte der Hahn die Eier, in der Schweiz der Kuckuck, in Westfalen der

*Osterbrunnen in Helmershausen*

*Schulprojekte im Rhöngymnasium Kaltensundheim*

Fuchs und in Teilen Thüringens der Storch. Die Osterbräuche sind auf dem Land sehr verschieden und vielfältig.

Wenn am Ostermorgen die Sonne aufgeht, schöpft man Osterwasser. Es soll schön machen, Krankheiten heilen und Ungeziefer fernhalten. Seine Wirkung und Kraft verliert es aber, wenn der Wasserträger auch nur ein Wort spricht, bevor er zu Hause damit angekommen ist.

Da gibt es das »Eierpicken«, bei dem die Spitzen der gekochten Eier aneinandergestoßen werden und es darauf ankommt, dass einer dem anderen das Ei zerdrückt. Das »Eierrollen«, ähnlich wie das Murmelspiel und das »Eierschieben«, bei dem die Eier einen Abhang hinabgerollt werden, um die sich die Kinder dann raufen.

Besonders die Kinder freuen sich riesig auf die Ostereiersuche und mancherorts gibt es sogar öffentliche Veranstaltungen für Jung und Alt. Vor der Suche, und auch das ist eine schöne Tradition, werden die Eier noch liebevoll gefärbt und verziert. In Bettenhausen gibt es schon seit vielen Jahren immer eine Ostereierausstellung im Gasthaus »Grüner Baum«.

Besonders in den letzten Jahren hat sich in einigen Dörfern die schöne Tradition des Osterbrunnenschmuckes wieder belebt. So haben beispielsweise Landfrauengruppen und andere Dorfgemeinschaften in Stedtlingen, Herpf, Henneberg, Stepfertshausen, Erbenhausen, Reichenhausen, Kaltensundheim und weiteren Orten viel Liebe und Zeit in den Osterschmuck ihrer Dorfbrunnen gesteckt.

*Mit viel Liebe werden die Osterbrunnen in der Vorderrhön wieder geschmückt.*

*Waldgottesdienst am Steinkopf*

Suppen und Eintöpfe

# Kürbiscremesuppe mit Ingwer, Nelken und Koriander

| | |
|---:|---|
| 1 kg Kürbis | von den Kernen befreien und bei Bedarf schälen. In Würfel schneiden und mit |
| 300 ml Gemüsebrühe | und |
| 100 ml Apfelsaft | aufsetzen. |
| 25 g frischer Ingwer | schälen und klein schneiden. Zusammen mit |
| 2 Gewürznelken | zum Kürbis in den Topf geben und zugedeckt 20 Minuten köcheln lassen, dabei ab und zu umrühren. Die Kürbisstücke sollen am Ende der Garzeit leicht zu durchstechen sein. Nelken aus dem Topf entfernen, restlichen Inhalt mit dem Pürierstab sehr gründlich zerkleinern. |
| 150 ml süße Sahne | vor dem Servieren hinzugeben und die Suppe einmal kurz aufkochen. |
| 6 Stängel frischer Koriander | zupfen und die Suppe damit garnieren. Mit |
| 4 TL Kürbiskernöl | den Geschmack abrunden. |

Die Erntekrone im Festumzug in Oberkatz

Der ehemalige Kalksteinbruch südlich von Kaltennordheim

Suppen und Eintöpfe

# Kürbissuppe mit Geflügelbrühe

*Von Brunnhilde Rauch aus Kaltensundheim*

| | |
|---:|:---|
| 750 g Kürbis | würfeln. |
| 1 mittelgroße Zwiebel | und |
| 1 Knoblauchzehe | zerkleinern und im Schmortopf mit |
| 2 EL Butter | schmoren, dann mit |
| 500 ml Geflügelbrühe | aufgießen und zugedeckt 10 Minuten garen lassen. Danach alles durch ein Sieb gießen. Das Kürbisgemüse mit einem Pürierstab pürieren. Die Masse mit der Brühe verrühren und mit |
| 2 EL Kräuteressig | sowie |
| Pfeffer, Salz | abschmecken. Nochmals kurz erhitzen. Vor dem Servieren jeweils |
| 1 EL Petersilie | auf einen Teller Suppe geben. |

*Wie eine Klette hängt das Bergdorf Andenhausen am Hang.*

*Das Tor und die starken Mauern zeugten von der Wehrhaftigkeit der Kirche von Mittelsdorf.*

## Suppen und Eintöpfe

# Kürbissuppe mit Zimt, Nelken und Zitrone

| | |
|---:|---|
| 500 g Kürbis | schälen und entkernen. das Fruchtfleisch in Stücke schneiden. Mit |
| 750 ml Wasser | |
| Zimt | |
| 2 Nelken | und |
| Zitronensaft | aufsetzen. Den Kürbis weich kochen, mit dem Passierstab pürieren, durchschlagen und nochmals aufkochen. In |
| 250 ml Wasser | |
| 1 EL Grieß | einrühren und die Suppe damit binden, kurz aufkochen. Die Suppe mit |
| 100 g Zucker | abschmecken. |

*Weideabtrieb in Oberkatz*

*Das Backhaus war früher schon Treffpunkt im Dorf.*

## Suppen und Eintöpfe

# Milchsuppe

*Von Jutta Zedlack aus Breitungen*

| | |
|---:|---|
| 1 l Milch | mit |
| Zucker | und |
| Zimt oder Zitrone | aufkochen. |
| 2 EL Mehl | mit |
| Wasser | glatt rühren und zu der Suppe geben. Gut aufkochen lassen, dann mit |
| 1 Ei | abziehen. |

*Nach Belieben mit Weckbröckchen (Semmelwürfel) verfeinern.*

# Omas Fiebersuppe

*Von Sonja Krug aus Empfertshausen*

| | |
|---:|---|
| 6 vollreife Holunderdolden | Die Früchte mit einer Gabel abstreifen. |
| 2 süße Äpfel | vierteln und zusammen mit den Beeren und |
| ½ Vanilleschote | in |
| 500 ml Wasser | etwa 20 Minuten kochen. Anschließend durch ein Sieb streichen. Die Suppe mit |
| 3 EL Honig | süßen und mit |
| 1 Prise Zimt | abschmecken. |

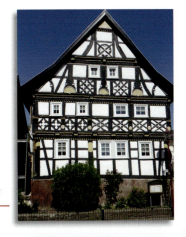

*Frontansicht des Fachwerkhauses in Oberweid*

# Rahmsuppe

*Von Jutta Zedlack aus Breitungen*

| | |
|---:|:---|
| 2 – 3 Brötchen | in Scheiben schneiden, in |
| Butter | leicht anrösten. Mit |
| 1½ l Wasser | gut aufkochen, mit |
| Salz, Pfeffer | würzen und |
| 1 EL süße Sahne | unterziehen. |

# Tomatensuppe

| | |
|---:|:---|
| 375 g frische Tomaten | zerkleinern. Mit |
| 50 g Schinkenwürfel | sowie |
| 50 g Zwiebelwürfel | in |
| 40 g Butter | leicht andünsten. |
| 50 g Mehl | darüberstreuen und mit |
| 1,5 l Knochenbrühe | auffüllen. Die Tomaten weich kochen. Die Suppe durch ein Sieb passieren und mit |
| 1 Prise Zucker | und |
| 2 – 3 EL süße Sahne | verfeinern. |

*Der Klostergarten: ein Vorbild für die Bauerngärten*

Suppen und Eintöpfe

# Spargelsuppe

| | |
|---:|:---|
| 250 g Spargel | waschen, schälen und in mundgerechte Stücke schneiden. |
| 250 ml Wasser | zum Kochen bringen. |
| 1 TL Salz | hinzugeben und den Spargel darin weich kochen. Anschließend mit |
| 750 ml Wasser | auffüllen. |
| 2 EL Mehl | in |
| 125 ml Milch | verquirlen und damit die Suppe binden. Vor dem Anrichten |
| 1 Prise Zucker | und |
| 1 EL Butter | hinzugeben. |

Kunst im Garten bei Eva Skupin in Mehmels

Das Wasserschloss von Schwickershausen

Suppen und Eintöpfe

# Kartoffelsuppe

*Von Jutta Zedlack aus Breitungen*

| | |
|---:|:---|
| 6 – 7 Kartoffeln | in Stücke schneiden, in |
| Salz | und |
| 2 l Fleischbrühe | kochen. |
| Suppengemüse | hinzugeben. Wenn die Kartoffeln gar sind, alles mit einem Stampfer zerdrücken. |
| 50 g Speck | in Würfel schneiden, in der Pfanne auslassen und in die Suppe einrühren. Aus |
| 2 EL Mehl | eine Mehlschwitze zubereiten. Anschließend zur Suppe geben. |
| 1 Ei | verquirlen, einrühren und |
| Bockwurst | hinzufügen. |

*Statt Bockwurst kann man auch Suppenfleisch nehmen (vorher mitkochen).*

*Der Reiterhof »Ponte Rosa«*

*Das Rotwildgehege am Plesshaus*

Suppen und Eintöpfe

# Eierflockensuppe

| | |
|---:|---|
| 1 l Brühe | zum Kochen bringen. |
| 1 – 2 Eier | |
| 3 EL Wasser | und |
| 20 g Mehl | verquirlen. Anschließend in die Brühe geben. Nach dem Aufkochen mit |
| Muskat | abschmecken und mit |
| Petersilie (gehackt) | verfeinern. |

*Ein Löffel Sahne verfeinert die Suppe.*

Kaltenwestheim vom Hochrhöner aus

Der Abschlussstein eines Türbogens dokumentiert das Alter des Schlosses Frauenbreitungen.

# Gelbe Kohlrüben

| | |
|---:|:---|
| Schweinefleisch, Lakenfleisch oder Rindsknochen | mit |
| Salz, Pfeffer | und |
| Lorbeerblatt | kochen. In der Zwischenzeit |
| 1 Kohlrübe | schälen und würfeln. |
| 3 – 4 Kartoffeln | schälen und in kleine Stücke schneiden. Nach der Garzeit (etwa 1½ Stunden) das Fleisch herausnehmen. Kohlrüben und Kartoffeln im Fleisch-Sud kochen. |
| 200 ml süße Sahne | mit |
| 2 EL Mehl | verrühren und das Gemüse damit andicken. Das Fleisch entweder zerkleinern und im Gemüse belassen oder separat servieren. |

*Dazu isst man Kartoffelpuffer.*

# Kohlrübengemüse

| | |
|---:|:---|
| 1 kg Kohlrüben | schälen und in Würfel schneiden. |
| 50 g Fett | erhitzen und |
| 40 g Zucker | darin bräunen. Anschließend die Kohlrüben dazugeben. Von |
| 1 l Brühe | etwa 125 ml zugeben und zugedeckt dünsten, dabei den Topf öfters schütteln. Nach 10 Minuten die restliche Brühe auffüllen und das Gemüse garen. |
| 1 TL Stärkemehl | kalt anrühren, unter das Gemüse geben und noch einmal aufkochen lassen. |

*Herrliche Bergwiese in der Hochrhön*

## Gemüsegerichte

# Kürbisgemüse

*Von Brunnhilde Rauch aus Kaltensundheim*

| | |
|---:|:---|
| 750 g Kürbis | würfeln, mit etwas |
| Salz | bestreuen und in wenig siedendem Wasser gar dünsten. |
| 1 mittelgroße Zwiebel | klein schneiden und mit |
| 1 große Tomate (gewürfelt) | in |
| 50 g Butter | dünsten. |
| 500 g Joghurt | mit |
| 2 EL Tomatenmark | verrühren und dann |
| 1 EL Mehl | und |
| 4 EL geriebener Käse | dazugeben. Mit |
| Pfeffer | und |
| 2 TL gekörnte Brühe | abschmecken. Anschließend die geschmorten Zwiebeln und Tomaten mit den abgetropften Kürbisstücken in die Joghurtsoße geben. |

*Dazu reicht man Salzkartoffeln.*

*Herbstdekoration in Sünna*

*Friedhof mit Kapelle in Vacha*

Gemüsegerichte

# Rhöner Blumenkohlsalat

800 g Blumenkohl säubern und in Salzwasser nicht zu weich kochen. Danach die Röschen vom Strunk entfernen und in eine Schüssel legen. Aus dem abgekühlten Blumenkohlwasser nun wie folgt eine Marinade herstellen:

**Die Marinade**

2 Zwiebeln fein schneiden. Mit
10 ml Öl
1 Prise Zucker und etwas
Essig sowie
1 Prise Pfeffer in das Blumenkohlwasser geben.
Kräuter (Dill, Estragon, Petersilie, Kresse) fein hacken und mit der Marinade vermengen. Die fertige Marinade über die Blumenkohlröschen gießen. Bis zum Servieren kühl stellen.

*Point Alpha an der ehemaligen innerdeutschen Grenze*

*Das Gänsemädchen vor dem Dorfbrunnen in Empfertshausen*

Gemüsegerichte

## Kompes

| | |
|---|---|
| 10 Weißkrautköpfe | vierteln und in heißem Wasser kurz überbrühen. Gut abtropfen lassen, die Blätter lösen und mit |
| Dill | in einen Steinguttopf schichten. |
| 6 l Wasser | mit |
| 500 g Salz | zum Kochen bringen und über das Kraut gießen. Den Topf mit einem Leinentuch abdecken und mit einem schweren Holzdeckel beschweren. Nach 6 bis 8 Wochen kann der Kompes roh oder gekocht verzehrt werden. |

*Es empfiehlt sich, die oberste Schicht von Zeit zu Zeit abzuschöpfen und abgekochtes Wasser nachzuschütten.*

## Leipziger Allerlei

| | |
|---|---|
| 200 g junge Erbsen | abspülen. |
| 250 g Möhren | waschen, schaben und vierteln. |
| 150 g Kohlrabi | waschen, schälen, in Würfel schneiden. |
| 150 g Blumenkohl | sorgfältig putzen und in Salzwasser waschen. Anschließend den Blumenkohl in Röschen zerteilen. |
| 150 g Spargel | schälen, in mundgerechte Stücke schneiden. |
| 60 g Butter | in einer Pfanne schmelzen. Jedes Gemüse nach und nach zugeben und dünsten. |

*Am besten schmeckt das Gemüse mit Semmelklößchen.*

*Das Tor zur Rhön: das Städtchen Vacha*

## Anekdoten um unser altes Rhön-Bähnlein

Es sind schon 75 Jahre her, dass die Eisenbahnstrecke durch das Feldatal – Dorndorf-Kaltennordheim – nach den Regeln und Bedürfnissen der modernen Verkehrserrungenschaften neu gebaut wurde. Damit verschwand die alte Feldabahn, im Volksmund bezeichnet als »Rompelboh«. Sie musste einem modernen und zuverlässigen großen Bruder Platz machen. »Geiß«, die neue Feldabahn ist pünktlicher, sicherer, aber mit der alten Bimmelbahn verschwand ein Stück Rhön-Romantik und viele schauten beim Abschied mit Wehmut dem liebgewordenen Bähnchen nach.

Obwohl die alte Feldabahn schon einige Jahrzehnte verschwunden ist, lebt sie doch in einigen unvergesslichen Erinnerungen unter den Bewohnern des Feldatales fort. Im Landgasthaus »Zum Hirsch« in Kaltennordheim kann man noch Bilder und Schriften über das Rhönbähnchen betrachten.

Öfters war die »Rompelboh« dem rauhen Rhönwinter unterlegen. Der Bahndamm war noch nicht gegen die Schneewehen geschützt und oft blieb der Zug im tiefen Schnee stecken. So war es auch 1881 vor Glattbach. Aber das Bahnpersonal erwies sich als sehr hilfreich. Es wurden in Dermbach und Glattbach Schlitten organisiert und die Fahrgäste per Kufen sicher nach Hause geleitet. Der Zugführer selbst war

*Entladen auf der Endstation in Kaltennordheim*

*So ging es zu bei der alten Feldabahn um 1880.*

ein so vollendeter Kavalier, dass er die Damen auf seinen Armen durch die hohen Schneemassen trug, und sie behutsam im Schlitten absetzte. Es war – man kann es nicht anders bezeichnen – der vollendete Dienst am Kunden.

In Weilar verlor der Zug einmal seinen letzten Wagen. Auf rätselhafte Weise hatte er sich vom Zug gelöst und trat selbstständig die Rückreise an, nur mit einem Schaffner als einzigem Fahrgast. Dem Beamten wurde himmelangst. Er versuchte die Bremsen zuzuschrauben, aber es war nutzlos. Glücklicherweise gelang es dem Kondukteur, in einer Kurve aus dem mit D-Zug-Tempo auf Stadtlendsfeld zubrausenden Wagen abzuspringen. Kurz danach entgleiste der Waggon.

Mit der wirtschaftlichen Entwicklung wuchsen rasch die Anforderungen an die Bahn. So kam bald die berechtigte Forderung seitens der Industriebetriebe, die Schmalspurbahn (»Rompelboh«) auf Normalspur umzubauen. Aber durch Krieg und durch die zunehmende Geldentwertung in den 20er Jahren des vergangenen Jahrhunderts wurden alle Aktivitäten eingestellt.

Erst 1928 wurden die Gelder für den Umbau bewilligt. Mit einigen Bauunterbrechungen konnte die neue Feldabahn am 7. Oktober 1934 endlich in Betrieb gehen. Inzwischen ist der Bahnbetrieb schon einige Jahre eingestellt.

*Die Schmalspurbahn benutzte wie die Autos die Straße.*

*So schnaufte das Rhönbähnchen am Felsenkeller vorbei nach Kaltennordheim.*

Gemüsegerichte

# Lauchkloß

*Von Dr. Bernd Karn aus Dermbach*

### Die Klöße

| | |
|---:|:---|
| 20 g Hefe | in |
| 200 ml Wasser (warm) | auflösen und |
| 1 Prise Zucker | dazugeben. Wenn die Hefe gegangen ist, |
| 400 g Mehl | und |
| 1 TL Salz | zugeben. Davon einen Teig kneten und gehen lassen. Anschließend den Teig dünn ausrollen und noch einmal gehen lassen. |
| Schmalz | schmelzen und auf den ausgerollten Teig streichen. Nun den Teig in 10 cm breite Streifen schneiden und jeden Streifen zu einem Wickelkloß aufrollen. Schließlich die gewickelten Klöße in eine gefettete Form setzen. Den Deckel vor dem Aufsetzen in ein Geschirrtuch einschlagen. Das verhindert, dass Kondenswasser die Klöße durchnässt. Die Klöße im Wasserbad etwa 20 Minuten garen. |

### Die Lauchbrühe

| | |
|---:|:---|
| 1,5 kg Fleischknochen | mit ausreichend |
| Wasser | kalt ansetzen und |
| 1 TL Salz | dazugeben. Wenn die Knochen gar sind, herausnehmen und warm stellen. Dann |
| 6 Stangen Lauch | fein schneiden und in der Brühe mit |
| 2 Lorbeerblätter | und |
| 1 TL Kümmel | weich kochen. Zum Schluss mit |
| Gemüsebrühe | abschmecken. |

*Beim Essen wird der Kloß auf dem Teller mit zwei Gabeln auseinandergezupft (beim Schneiden mit dem Messer wird der Kloß fest!), darüber wird die Lauchbrühe gegeben und mit den Fleischknochen serviert.*

*Bildhauersymposium in Mehmels*

Gemüsegerichte

# Letscho

| | |
|---|---|
| 1 kg grüne und gelbe Paprika | entkernen und in Streifen schneiden. |
| 125 ml Wasser | erhitzen, die Paprikastreifen zugeben und fast gar dünsten lassen. |
| 1 kg Tomaten | häuten, würfeln, dazugeben und kurze Zeit mitdünsten. |
| Salz, Zucker | und |
| Gewürzpaprika (edelsüß) | nach Belieben zufügen. |

# Suppengrün für das ganze Jahr

*Gisela Graf aus Birx*

| | |
|---|---|
| 500 g Möhren | |
| 500 g Lauch | |
| 500 g Sellerie (Knolle und Blätter) | |
| 1 Bund Petersilie | und |
| 1 Bund Liebstöckel | alles durch den Fleischwolf drehen und |
| 500 g Salz | darübergeben. Dann in Schraubgläser abfüllen – nicht einkochen. |

*Eine Skulptur des Symposiums 2011 in Mehmels*

Gemüsegerichte

# Tomatenkraut

| | |
|---:|:---|
| 1 Zwiebel | fein zerkleinern. |
| 200 g Knackwurst | in grobe Stücke schneiden. Zwiebeln und Knackwurst in |
| 2 EL Fett | anbraten. |
| 750 g Sauerkraut | mit |
| 4 EL Tomatenmark | und |
| 8 EL süße Sahne | vermischen. Anschließend erhitzen. Das Gericht mit |
| 1 Prise Salz | und |
| Zucker | abschmecken. |

*Dazu isst man Klöße, Brat- oder Salzkartoffeln.*

*Die Dermbacher Wanderhütte auf dem Gläserberg bei Föhlritz*

*Die evangelische Kirche von Dermbach*

# Gemüsegerichte

## Rotkraut

*Von Sonja Krug aus Empfertshausen*

| | |
|---:|:---|
| 800 g Rotkraut | hobeln und in der Pfanne mit |
| 50 g Speck (gewürfelt) | so lange wenden, bis es zusammenfällt. |
| 2 herbe Äpfel | klein schneiden und |
| 2 Nelken | in die Apfelstücke stecken. |
| 1 Zwiebel | würfeln, Äpfel und Zwiebel zum Kraut geben. |
| ½ TL Salz | |
| 1 TL Zucker | und |
| 125 ml Brühe | hinzufügen und zugedeckt dünsten lassen. Mit |
| Rotwein | |
| Zucker, Salz | süßsauer abschmecken. |

## Sauerkraut

| | |
|---:|:---|
| 8 – 10 mittlere Weißkrautköpfe | hobeln und in 10 cm dicken Schichten in einen Topf drücken. Pro Schicht |
| 1 Tasse Salz, Dill | und |
| Apfelscheiben von 4 Äpfeln | darauflegen. |
| 30 Tassen Wasser | zugeben und den Topf nun Schicht für Schicht füllen, jeweils kräftig festdrücken und zum Schluss mit einem Holzdeckel zudecken (zum Beschweren einen sauberen Stein darauflegen). Ein Tuch darüberdecken und das Kraut mindestens 4 Wochen ziehen lassen. |

*Der Schäfer hat mit seinem Gehilfen immer die Schafherde im Blick.*

Für Zwischendurch

# Die Zauberkraft des Johanniskrauts

Der Legende nach haben Pflanzen, die am 24. Juni, dem Johannistag, gepflückt werden, besondere Kräfte, die vor bösen Geistern und Krankheiten schützen sollen. So gelten Holunderblüten, an diesem Tag vom Strauch genommen, als heilkräftig. Ebenso werden der Königskerze – im Volksmund als Sonnwendblume bekannt – Zauberkräfte zugesprochen, wenn die Pflanze in der Johannisnacht ausgegraben wird. Sie soll auch vor Mäusen und lästigen Nagern schützen. Woher rührt dieser Aberglaube? Nach christlicher Überlieferung feiern die Gläubigen am 24. Juni den Geburtstag Johannes des Täufers. Zahlreiche Bräuche ranken sich seitdem um diesen Tag und den Namen.

Liebespaare überspringen alljährlich gemeinsam das Johannisfeuer und erhoffen dauerhaftes Glück. Kräuter werden im Feuer verbrannt, um Vieh vor Unheil zu bewahren. Unter allen Pflanzen, denen man am Johannistag besondere Magie zuspricht, ist das Johanniskraut – auch Hexenkraut genannt – das bekannteste und das mächtigste, aber nur wirksam, wenn es in den Morgenstunden gesammelt wird und noch »Johannistau« auf den Blättern liegt. Viele Beschwerden von Zahnschmerzen bis Rheuma soll man damit lindern können. Ähnlich den Kräuterbuschen zu Maria Himmelfahrt (15. August) werden neun Kräuter an Johanni zu Sonnwendbüscheln gebunden und im heiligen Hauswinkel aufbewahrt. Dieses Kräuterbüschel, bestehend aus Johanniskraut, Königskerze, Arnika, Wermut, Kamille, Pfefferminze, Baldrian, Tausendgüldenkraut und Schafgarbe soll das Haus, Stall, Wiesen und Felder vor Schaden bewahren. Man sagt, in der Johannisnacht seien Hexen unterwegs. Sie suchen nach Kräutern, die sie für ihre Zauberkünste brauchen. Man wehrt sich gegen das Eindringen der Hexen ins Haus durch Anbringen von Kräutern und Sträußen an Türen und mit lodernden Johannisfeuern auf Hügeln und Bergen.

*Eine prächtige Kräuterspirale ziert den Klostergarten Zella.*

*Eine vielseitige Kräuterpflanze – Johanniskraut*

Gemüsegerichte

# Wickelhütes mit Sauerkraut

### Das Sauerkraut

| | |
|---|---|
| 100 g Sauerkraut | mit |
| 1 Lorbeerblatt | und |
| Wacholderbeeren | würzen. Anschließend mit |
| 250 g Schweinebauchfleisch | 1½ Stunden kochen. |

### Die Klöße

| | |
|---|---|
| 750 g Mehl | in eine Schüssel geben. In die Mitte |
| 40 g Hefe | und |
| 250 ml warme Milch | geben, alles verrühren. 20 Minuten stehen lassen. Das Ganze anschließend mit |
| 1 Prise Salz | und |
| 50 ml Öl | zu einem Teig verarbeiten, danach noch einmal 10 Minuten stehen lassen. Den Teig ausrollen und in 6 cm breite Streifen schneiden. Diese mit Öl bestreichen und zusammenrollen. Die gewickelten Klöße auf das Kraut setzen und 20 Minuten bei 180 °C backen. Kurz vor dem Verzehr |
| 1 große Zwiebel | zerkleinern, knusprig gelb anbraten und unter das Sauerkraut heben. |

*Anstelle von Zwiebeln kann man auch Schnittlauch zur Geschmacksverfeinerung nehmen.*

*Mutterglück im Frühling*

## Fleischgerichte – mit Rind

# Frikadellen

| | |
|---:|:---|
| 400 g Fleischreste | und |
| 1 Semmel | mit |
| 1 Ei | |
| 1 kleine Zwiebel (gewürfelt) | vermengen. Mit |
| Salz, Pfeffer | würzen. Anschließend Frikadellen formen, in Mehl wenden und in |
| 50 g Fett | braten. |
| 10 g Mehl | im Bratensatz bräunen. |
| 250 ml Brühe | angießen und die Soße sämig rühren. |

# Krautrouladen

| | |
|---:|:---|
| 1 Weißkohl | im kochenden Wasser brühen, danach die einzelnen Blätter abnehmen. |
| 400 g Hackfleisch (gemischt) | mit |
| 2 Eier | und |
| 1 Zwiebel (klein gehackt) | mischen und mit |
| Salz, Pfeffer | |
| Muskat | abschmecken. Jeweils etwa 100 g Fleischmasse in 3 bis 4 Krautblätter einwickeln. Je eine von |
| 4 Scheiben Speck | darüberlegen und zusammenbinden. Die vier fertigen Krautrouladen in einer Pfanne anbraten. |
| 200 ml Fleischbrühe | zugießen und 60 Minuten gar dünsten. Dann die Krautrouladen herausnehmen. |
| 100 g saure Sahne | mit dem Fond binden, aber nicht mehr kochen. Die Soße getrennt zu den Krautrouladen servieren. |

*Hierzu reicht man Salzkartoffeln.*

*Oberweid unter dem Ellenbogen*

Fleischgerichte – mit Rind

# Biergulasch

| | |
|---:|:---|
| 750 g Rindergulasch | mit |
| 750 ml helles Bockbier | etwa 6 Stunden im Kühlschrank marinieren. |
| 400 g Zwiebeln | und |
| 200 g Speck | würfeln. |
| Butterschmalz | in einer Pfanne erhitzen, Zwiebeln und Speck darin glasig dünsten. Rindfleischwürfel dazugeben, mit |
| Salz, Pfeffer, Paprikapulver, Kümmel | und |
| Majoran | abschmecken. Mit der Marinade ablöschen. Zugedeckt bei mittlerer Hitze schmoren. Ab und zu mit |
| Rinderfond | übergießen, so dass das Fleisch die ganze Zeit mit Flüssigkeit bedeckt ist. Wenn das Fleisch fast weich ist, |
| 150 g Tomatenmark | unterziehen. Etwas |
| Zitronensaft | unterrühren und nochmals kurz aufkochen. Zum Schluss mit |
| Kräuter (frisch) | bestreuen. |

Historische Geräte im Brauereimuseum

Dom der Rhön: Kirche in Helmershausen

## Fleischgerichte – mit Rind

# Geschmortes Rindfleisch

| | |
|---:|:---|
| 750 g Rindfleisch aus der Keule | in etwa 2 mal 2 cm große Würfel schneiden. |
| 2 Bund Petersilie | waschen und trocken tupfen. |
| 4 Knoblauchzehen | |
| 6 Schalotten | abziehen und mit |
| 200 g durchwachsener Speck | fein würfeln. |
| 50 g Bratfett | in einer Kasserolle erhitzen und das Fleisch darin kräftig anbraten. Speck dazugeben und mitbraten, Knoblauch und Zwiebeln hinzufügen und andünsten. Nun |
| Salz, Pfeffer | |
| 1 Zweig Thymian | und |
| 1 Lorbeerblatt | |
| je 1 Prise Nelkenpulver, Muskatnuss, Ingwerpulver | dazugeben und |
| 400 ml Rotwein | angießen. Die Kasserolle fest verschließen und bei geringer Hitze etwa vier Stunden schmoren. Während dieser Zeit nicht öffnen. Zum Schluss mit |
| Kräuter (frisch) | bestreuen. |

*Zu diesem Gericht schmeckt Baguette und Kräuterbutter und ein trockener Rotwein.*

*Mystische Stimmung an der Bernshäuser Kutte*

Fleischgerichte – mit Rind

# Kalbfleisch mit Pilzen

*Von Sonja Krug aus Empfertshausen*

| | |
|---:|:---|
| 1 kleine Zwiebel | klein hacken und mit |
| 750 g Kalbsgulasch | in |
| 60 g Butter | braun anbraten. |
| 3 Tomaten | enthäuten. Diese mit |
| Salz, Pfeffer | zu dem Kalbfleisch geben. Das Ganze in einem geschlossenen Topf garen. Anschließend |
| 500 g Pfifferlinge | dazugeben und 10 Minuten kochen. |
| 100 ml Kondensmilch | mit |
| 1 TL Mehl | anrühren und zu der Mischung geben. |

*Dazu isst man Thüringer Hötes (Rezept Seite 105) und frischen Salat.*

Die Festplatzlinde in Friedelshausen

Die Westernstadt »Ponte Rosa«

Für Zwischendurch

## Das Schlachtfest

Wenn früher auf einem Bauernhof ein Schwein oder ein Rind geschlachtet wurde, so war das nicht nur ein sachlicher Vorgang der Fleischbevorratung und -konservierung für die Winterzeit, sondern ein Ereignis, zu dem es für die Kinder sogar schulfrei gab. Der »Herr Kantor« erhielt für seine Freundlichkeit am nächsten Tag eine frische Wurst oder wurde sogar eingeladen.

Für den Bauern war es der wirtschaftliche Höhepunkt im Jahr, denn am Gewicht seines Schweins konnte festgestellt werden, ob die Ernte gut ausgefallen war und ob er etwas von der Tierhaltung verstand. Schon früher wurden zum Winteranfang die Schweine geschlachtet. Zum einen standen die Tiere jetzt im besten Futter und zum anderen verdarb die Schlachtware im Winter nicht so schnell und konnte besser konserviert werden. Schlachten war und ist bis in unsere Tage hinein ein Familienfest, zu dem auch Gäste geladen werden. Alle – oft auch die Verwandten, Bekannten, Nachbarn – beteiligten sich an den Arbeiten. Die Sitten und Bräuche, die mit dem Schlachtfest in Verbindung stehen, sind so unterschiedlich, dass man im Einzelnen gar nicht darauf eingehen kann.

Wenn der Schlachttermin abgesprochen war, rückte die »letzte Stunde« für das Schwein näher. Es war schon eine feierliche Angelegenheit, wenn der Schlachter in aller Herrgottsfrühe mit seinen Gerätschaften auf dem Hof erschien. Am Morgen des Schlachttages musste kochendes Wasser im Waschkessel bereitstehen, weil man es zum Abbrühen des Schweins und zum Entfernen der Schweineborsten benötigte. Das laut quiekende Schwein wurde betäubt und mit einem gezielten Messerstich durchtrennte der Schlachter die Halsschlagader. Das ausströmende Blut musste in einer Schüssel aufgefangen und ständig gerührt werden, damit es nicht gerann. Nun legte man das tote Borstentier in einen Holztrog, um es mit dem vorbereiteten Wasser abzubrühen. Mit den »Glocken« oder »Schellen« entfernte man die Borsten. War die Haut ganz glatt, wurde das Schwein an eine Leiter gehängt, wo die Arbeit des »Ausschlachtens« begann. Der Bauch wurde vom Hals bis zum Schwanz aufgeschnitten, um die Eingeweide zu entfernen. Aus diesem Anlass wurden mehrere Verslein geschmiedet. Hier nur einige:

*Fleißige Hände zerteilen das Schweinefleisch.*

## Für Zwischendurch

»Bevors Schwein an der Leiter hängt, wird ein Schnäpschen eingeschenkt.«
»Und wenn es dann am Haken hängt, wird nochmals einer eingeschenkt.«
»Hängt das Schwein an der Leiter, geht es fröhlich weiter.«

Während jetzt das Schwein auskühlte, wurden die Därme gesäubert und zur Füllung mit Wurstmasse vorbereitet. Ein amtlicher Fleischbeschauer untersuchte, ob das Tier trichinenfrei war, um das Fleisch freizugeben. Danach wurde das Schwein zerteilt. Zunächst legte der Schlachter die Fleischstücke beiseite, die eingepökelt werden sollten. Andere Teile des Schweins bereitete man zum Einkochen oder Räuchern vor, denn nur so war die Haltbarkeit des Fleisches über längere Zeit gewährleistet. Was dann noch übrig war, kam hauptsächlich in die Wurst. Bei der Wurstherstellung griffen alle Schlachter auf Spezialrezepte ihrer Vorfahren zurück. Das Geheimnis liegt in der Mischung der Gewürze. Die fertigen Bratwürste wurden an Stangen (Wurstknüppeln) aufgehängt und in die Kammer zum Trocknen gebracht, während die Kochwürste, die Blut-, Zwiebel- und Leberwürste, noch einige Zeit im Kessel garen mussten.

Nach dem Abendessen rüsteten sich die Gäste für den Heimweg. Jeder bekam noch eine Schüssel mit Wurst, Gehacktem, Kesselfleisch und anderen Köstlichkeiten mit auf den Weg.

*Das Schwein wird aus dem Stall zum Schlachten geführt.*

*Der Schlachter prüft die Wurst.*

Fleischgerichte – mit Rind

# Frikassee vom Kalbfleisch

| | |
|---:|:---|
| 500 g Kalbfleisch | waschen. |
| 1 l Wasser | mit |
| Salz | in einen Topf geben und das Fleisch darin gar kochen. Anschließend das Fleisch herausnehmen, abkühlen lassen und in gleichmäßige Würfel schneiden. Die Brühe aufheben. |
| 1½ EL Margarine | in einer Pfanne schmelzen. |
| 1 Zwiebel (gewürfelt) | und |
| 2 EL Mehl | darin zartgelb werden lassen. Anschließend 750 ml von der Brühe unter Rühren auffüllen, das Fleisch zugeben und nochmals aufkochen. Mit |
| Zitronensaft | und |
| Kräuter | würzen. |

*Kaisereichen über Reichenhausen*

*Ruheplätzchen am Dorfrand Kaltensundheim*

Fleischgerichte – mit Schwein

# Schweinebraten

| | |
|---|---|
| 750 g Schweinefleisch | mit |
| 125 ml Wasser | ansetzen. In dem abgesonderten Fett unter wiederholtem Begießen und unter Zugabe von |
| Salz | etwa 110 Minuten braten. |
| 1 Zwiebel | in Scheiben schneiden und nach 30 Minuten zusammen mit |
| 100 g Apfel | zugeben. Das gare Fleisch herausnehmen und den Bratensatz mit |
| 250 ml Wasser (heiß) | aufkochen und durchschlagen. |
| 2 TL Stärkemehl | kalt anrühren und die Soße damit binden. Zum Schluss |
| 1 Zweig Beifuß | zugeben. |

# Kachelwurst

| | |
|---|---|
| 1 kg Schweinekamm | waschen und zusammen mit |
| 1 Lorbeerblatt | in reichlich |
| Salzwasser | etwa 50 Minuten weich kochen. Aus dem Wasser nehmen und in Stücke schneiden. |
| 6 kleine Brötchen | in Würfel schneiden, mit der Fleischbrühe übergießen und kurz durchstampfen. |
| 2 Zwiebeln | schälen, fein würfeln und unter die Brötchenmasse heben. Mit |
| Salz, Pfeffer | und |
| Majoran | abschmecken. |
| 250 ml Blut | zugeben und gut untermischen. Eine feuerfeste Form einfetten, die Masse einfüllen und bei 180 °C Umluft etwa 1½ Stunden backen, bis die Oberfläche knusprig ist. |

*Am Rathaus in Geisa*

Fleischgerichte – mit Schwein

# Gebratene Schweineleber

| | |
|---|---|
| 600 g Schweineleber | von Sehnen und Blutgefäßen befreien und in etwa 1 bis 2 cm dicke Scheiben schneiden. |
| 2 Eier (mittelgroß) | aufschlagen. |
| 5 EL Zwieback | zerkleinern. Anschließend die Leberstücke zuerst im Ei, dann im zerkleinerten Zwieback wenden. |
| 5 EL Butter | in einer Pfanne zergehen lassen und die Leber darin zügig braten. Während des Bratens mit |
| Salz, Pfeffer | würzen. |

*Nicht zu lange braten, da die Leber sonst zäh wird. Dazu isst man Kartoffelbrei oder Bratkartoffeln mit gebratenen Zwiebelringen.*

*Der Marktbrunnen von Vacha*

*Blick auf Solz in der Vorrhön*

Fleischgerichte – mit Schwein

# Schweinelendenspieß

| | |
|---|---|
| 2 Schweinelenden | waschen, trocken tupfen und in Scheiben schneiden. Flach klopfen, mit |
| Salz, Pfeffer, Paprikapulver | würzen. |
| 100 g Rauchfleisch | in Stücke schneiden. |
| 2 Zwiebeln | schälen und vierteln. |
| 2 Bockwürste | und |
| 2 Scheiben Weißbrot | in große Würfel schneiden. Schweinelendchen, Rauchfleisch, Zwiebeln, Bockwürste und Weißbrotstücke abwechselnd auf einen Spieß stecken. Die Spieße mit |
| Öl | bestreichen und auf dem Rost grillen. |

Bauernhof vor Reichenhausen

*Dorffest in Erbenhausen*

Fleischgerichte – mit Schwein

# Schweinehaxen

| | |
|---:|:---|
| 4 kleine Schweinehaxen | waschen und trocken tupfen. |
| 2 Zwiebeln | schälen und in Ringe schneiden. Die Schweinehaxen mit Zwiebelringen in |
| 1 l Bier (hell) | halb gar kochen. Anschließend herausnehmen und gut abtropfen lassen. Mit |
| Salz, Pfeffer | kräftig würzen. In einer Pfanne |
| 3 EL Schmalz | erhitzen und die Haxen unter mehrmaligem Wenden knusprig anbraten. Dabei öfters mit dem Biersud übergießen. |

*Mit scharfem Senf und Brot servieren.*

*Wanderer des Rhönklubs in der herbstlichen Rhön*

*Zünftige Winterwanderung zum Leichelberg*

Für Zwischendurch

## Die Rhön – Wanderwelt Nr. 1

Die Rhön gilt bei Wanderern als der Geheimtipp unter den deutschen Mittelgebirgen. Während die »berühmteren« Regionen mit Superlativen und spektakulären Marketingprojekten aufwarten, bleibt die Rhön eher bescheiden. Wer im »Land der offenen Fernen« wandert, wird den Begriff »Landschaft« neu entdecken: ein weit schwingendes Landschaftsrelief und verschlafene Fachwerkdörfer, sportliche Wanderwege durch abwechslungsreiche Umgebung, mystische Moore und trutzige Wehrkirchen, dichte Wälder und herrliche Aussichten von kahlen Bergkuppen, blühende Wiesen soweit das Auge reicht.

Am 6. August 1876 kam es auf Anregung des Arztes Dr. Justus Schneider aus Fulda zur Gründung des Rhönklubs e.V. Ziele waren damals vor allem die Förderung des Wandertourismus in der Rhön, die Gestaltung und Pflege von eigens angelegten Wanderwegen, die Verbesserung der Gasthäuser und der Erhalt von Natur, Kultur und Brauchtum. Bereits vor gut 130 Jahren war es also für den Rhönklub von Interesse, Naturerlebnisse und Wandergenuss einem möglichst breiten Publikum zugänglich zu machen und Eingriffe in Landschaft und Umwelt gering zu halten. Das ist bis heute so geblieben. Auch die Aufgabe, kulturelle Besonderheiten und Traditionen für jüngere Generationen zu pflegen und zu bewahren, liegt dem Rhönklub am Herzen. Neue Aspekte sind nach und nach hinzugekommen. Umweltschutz und Landschaftspflege sind seit den späten 1970er Jahren verstärkt in den Fokus des Vereins gerückt, ebenso wie Jugendarbeit und themenorientierte Projektarbeit rund um die Rhön. Seit der Zertifizierung weiter Teile der Rhöner Landschaft zum Biosphärenreservat 1991, beschäftigen den Rhönklub auch Themen wie regionale Identität, Landschaftspflege unter biologisch-nachhaltigen Gesichtspunkten sowie sanfter Tourismus.

*Wanderhütte am Gläserberg*

*Alphornbläser beim Hutsfest an der Kaltennordheimer Hütte*

Fleischgerichte – mit Schwein

# Schweinefilet mit Paprika

| | |
|---:|:---|
| 600 g Schweinefilet | in fingerdicke Scheiben schneiden, leicht klopfen und mit |
| Salz | bestreuen. Anschließend in |
| 50 g Mehl | wenden und in einer Pfanne mit |
| 60 g Bratenfett | von beiden Seiten anbraten. Das Fleisch herausnehmen und in eine Schüssel legen. |
| 3 Zwiebeln | fein würfeln, in die Pfanne geben und goldbraun anbraten. Von der Kochstelle nehmen, |
| 1 EL Gewürzpaprika | unterrühren. |
| 125 ml kochendes Wasser | zugeben und nochmals aufkochen lassen. Die Brühe über das Fleisch geben und 15 Minuten dünsten. |
| 2 Paprika | in Streifen schneiden. Von |
| 3 Tomaten | die Haut abziehen, die Tomaten würfeln und zu dem Fleisch geben, nochmals 10 Minuten dünsten. Das restliche Mehl mit |
| ½ Tasse saure Sahne | verquirlen und dazugießen. |

Eingangtor zum Keltendorf Sünna

Der Herbst steht auf der Leiter.

Fleischgerichte – mit Geflügel

## Hühnertopf

| | |
|---:|:---|
| 750 g Huhn | säubern, in leichtem |
| Salzwasser | gar kochen, herausnehmen und entbeinen. |
| 100 g Gemüsepaprika | fein schneiden und mit |
| 100 g Reis | zur Brühe geben. |
| 250 g Tomaten | vierteln und ebenfalls in die Brühe geben. Alles fertig garen. Später das Hühnerfleisch zugeben und mit |
| Paprikapulver (scharf und edelsüß) | sowie |
| 1 Prise Salz | nachwürzen. |
| 150 g Weißbrot | in Würfel schneiden und in |
| 10 g Margarine | in einer Pfanne rösten und vor dem Servieren des Hühnertopfes überstreuen. |

## Frikassee von Hühnerfleisch

| | |
|---:|:---|
| 1 Zwiebel | in kleine Würfel schneiden. |
| 300 g Pilze | fein schneiden und mit den Zwiebeln in |
| 50 g Margarine | anschwitzen, ohne Farbe nehmen zu lassen. |
| 60 g Mehl | hinzugeben und anschwitzen, mit |
| Hühnerbrühe | auffüllen und |
| 600 g Hühnerfleisch (gekocht) | dazugeben. Mit |
| Salz | und dem Saft von |
| 1 Zitrone | würzen. Nach dem Garen das Frikassee mit |
| 2 EL Kondensmilch | und |
| 1 Ei (verquirlt) | abbinden, jedoch nicht mehr kochen lassen. |

*Alte Schmiede von Föhlritz*

## Fleischgerichte – mit Geflügel

# Backhähnchen

| | |
|---|---|
| 2 bratfertige Hähnchen | längs halbieren, waschen, abtrocknen und mit |
| Salz | einreiben. Mit |
| Mehl | bestäuben und in |
| 2 Eier (verquirlt) | tauchen. Anschließend in |
| Semmelbrösel | wenden. |
| Ausbackfett | in einem Topf zum Sieden bringen und das Hähnchen, möglichst schwimmend, goldbraun ausbacken. |

# Rhöner Geflügelsalat

| | |
|---|---|
| 200 g Hühnchenbein und -brust | kochen und in dünne Streifen schneiden. Währenddessen |
| 1 Salatgurke | |
| 200 g Kartoffeln | kochen und nach dem Abkühlen in Würfel schneiden. |
| 2 EL Mayonnaise | mit |
| Salz, Pfeffer | würzen und verrühren. Anschließend die Soße über die restlichen Zutaten geben und alles gut vermengen. |

*Die neue Schutzhütte am Hochrhöner*

## Fleischgerichte – mit Geflügel

## Hühnerfrikassee

| | |
|---:|---|
| 1 Kochhuhn | ankochen, anschließend mit |
| Wurzelwerk (Sellerie, Möhren, Lauch) | und |
| Salz | garen. Das Fleisch ablösen und beiseite stellen. |
| 40 g Margarine | erhitzen und |
| 40 g Mehl | darin goldgelb werden lassen. |
| 500 ml Hühnerbrühe | nach und nach auffüllen und gut durchkochen. Mit |
| 1 Eigelb | und |
| 50 ml Kaffeesahne | abziehen. Mit |
| Zitronensaft | und |
| Pilze | verfeinern. Die Soße in eine Schüssel geben und das zerlegte Huhn hineingeben. |

*Die ehemalige Mühle von Motzlar zeigt beeindruckend die Fachwerkbauweise früherer Jahre.*

*Markttreiben vor dem Dermbacher Schloss*

Fleischgerichte – mit Geflügel

# Weihnachtsgans

*Von Sonja Krug aus Empfertshausen*

| | |
|---|---|
| 1 Gans (4 kg) | innen und außen mit Salz einreiben. |
| 4 Äpfel | waschen und die Gans damit befüllen. Die Füllöffnung zunähen und im Ofen über eine Fettfängerschale auf einen Rost legen. In die Schale etwas |
| Majoran, Beifuß | geben. Die Gans bei mittlerer Hitze braten. Gelegentlich hineinstechen, damit das Fett ablaufen kann. Das Fett jedoch immer abschöpfen. Wenn der Rücken braun gebraten ist, umdrehen und etwa 1½ Stunden weiter braten. Die Gans zum Schluss mit kaltem Wasser abschrecken, damit sie schön kross und knusprig wird. Danach aus dem Ofen nehmen. |

# Schmalzbrot mit Gänseleber

| | |
|---|---|
| Bauernbrot | in Scheiben schneiden und leicht anrösten. Mit |
| Gänseschmalz | bestreichen. |
| 150 g Gänseleber | in dünne Scheiben schneiden und anbraten. Anschließend die abgekühlte Leber auf das mit Gänseschmalz bestrichene Brot legen und mit |
| Pfeffer | würzen. Mit |
| 16 Walnusshälften | garnieren. |

*Der Altarraum der Kirche Helmershausen*

Fleischgerichte – mit Lamm

# Lammkoteletts

*Von Sonja Krug aus Empfertshausen*

| | |
|---:|:---|
| 2 Knoblauchzehen | zerdrücken und |
| 6 Lammkoteletts | damit einreiben. Mit |
| Salz, Pfeffer | würzen. Anschließend in einer Pfanne von beiden Seiten braten, herausnehmen und warm stellen. Danach |
| 1 Zwiebel | fein würfeln und in dem Fett anbraten. Mit |
| 250 ml Brühe | und |
| 125 ml trockener Weißwein | ablöschen und pürieren. Mit |
| 250 g Schmand | binden, einkochen und mit Salz und Pfeffer abschmecken. |

*Dazu reicht man junges Gemüse und Kartoffeln.*

*Das Langhaus im Keltendorf Sünna*

*Brunnen im Hof der Probstei Zella*

Fleischgerichte – mit Lamm

## Lammspieß

| | |
|---|---|
| 500 g Lammfleisch | in 2 cm dicke Stücke schneiden. |
| 100 g Speck | in Würfel schneiden und |
| 4 Zwiebeln | in Scheiben schneiden. |
| 3 EL Öl | mit |
| 1 Knoblauchzehe (klein geschnitten) | in eine Schüssel geben und das Fleisch darin wenden. Das Ganze zwei Stunden bedeckt stehen lassen und gelegentlich wenden. Anschließend das Fleisch mit |
| Salz, Pfeffer | würzen. Abwechselnd Zwiebelscheiben, Speck und Fleisch auf einen Spieß stecken. Mit dem Öl aus der Schüssel bestreichen und in einer Pfanne braten. |

## Lammeintopf mit Weißkraut

| | |
|---|---|
| 500 g mageres Lammfleisch | und |
| 300 g Kartoffeln | in Würfel schneiden. |
| 3 Zwiebeln | schälen und zerkleinern. |
| 250 g Weißkraut | putzen, in Streifen schneiden. Alles abwechselnd mit |
| ½ TL Kümmel | schichtweise in einen Topf geben. Dann mit |
| 500 ml Fleischbrühe | auffüllen und etwa 50 Minuten zugedeckt bei mittlerer Hitze garen. |
| 1 Bund Petersilie | waschen, klein schneiden und vor dem Servieren damit garnieren. |

*Die Rhönlandscheune auf dem Lindig*

Für Zwischendurch

## Das Rhönschaf

Das Rhönschaf gehört zu den ganz alten deutschen Schafrassen. Schwarzer, schmaler Kopf ohne Hörner, weißes Fell, hohe weiße Beine – es ist die typische Rasse der Rhön, die früher nicht nur in der Rhön weit verbreitet war.

Das Fleisch des Rhönschafes gilt als zart, mild und würzig. Napoleon I. bekam das zarte Fleisch des Rhönschafes bei seinem Rückzug 1813 serviert und veranlasste, dass die Schlachttiere aus der Rhön nach Paris importiert wurden. In Frankreich wurde das Rhönschaf »mouton de la reine« (königliches Schaf) genannt. Es gibt jedoch Belege, dass das Rhönschaf schon wesentlich früher – vermutlich im 16. Jahrhundert – in ähnlicher Form existierte.

Doch die Zahl der Schafe sank ab dem 19. Jahrhundert bis in die Mitte der 1950er Jahre auf wenige hundert Tiere. Gründe dafür gab es mehrere, so wurden leichte Böden, die bis dahin als ungeeignet für die Landwirtschaft galten, durch neue Erkenntnisse ertragreicher, so dass man »arme« Schafböden nun unter den Pflug nahm. Außerdem spielte bis vor wenigen Jahrzehnten die Wollproduktion eine wichtige Rolle in der Schafhaltung. Hier kam zum Tragen, dass die Wolle der Rhönschafe nicht so hochwertig für die Textilindustrie war, wie beispielsweise die Wolle der Merinoschafe.

Fast wäre das Rhönschaf ganz aus der Rhön verschwunden, doch dank staatlicher Fördermaßnahmen, gezieltem Marketing und Eigeninitiative der Züchter ist die Zahl der Rhönschafe wieder gestiegen. Engagierte Tierliebhaber sorgten dafür, dass heute wieder mehr als 3000 Muttertiere in der Rhön weiden und als »Landschaftspfleger« die Verbuschung der Bergwiesen und Kalkmagerrasen verhindern.

Das Rhönschaf gilt als ein Schaf mit einem besonders guten Fleischgeschmack und ist inzwischen als regionale Spezialität auf vielen Speisekarten zu finden.

*Rhönschafe: Mittagspause*

Fleischgerichte – mit Lamm

# Lammeintopf mit Bohnen

| | |
|---:|:---|
| 1,25 l Salzwasser | in einem Topf erhitzen. |
| 400 g Lammfleisch | und |
| 500 g Fleischknochen | hineingeben und aufkochen lassen. |
| 1 mittelgroße Zwiebel | schälen und dazugeben. Das Ganze insgesamt etwa 1½ Stunden kochen lassen. Das Lammfleisch nach 45 Minuten aus der Brühe nehmen. Die Fleischknochen weiter kochen, um eine kräftige Brühe zu erhalten. |
| 500 g Bohnen | waschen und putzen. |
| 400 g Kartoffeln | schälen, abspülen und würfeln. Knochen und Zwiebel aus der Brühe nehmen. Bohnen und Kartoffeln in der Brühe 15 Minuten garen. Das Fleisch in Würfel schneiden. |
| 50 g durchwachsener Speck | und |
| 1 mittelgroße Zwiebel | fein würfeln und in |
| 1 EL Butter | knusprig auslassen. |
| ½ Bund Petersilie | waschen, fein hacken. Das Fleisch in den Topf zu den Kartoffeln und Bohnen geben und kurz aufkochen lassen. Mit dem ausgelassenen Speck und Zwiebel und der Petersilie bestreuen. |

*Der Schutzpatron der Angler und Fischer am ehemaligen Sächsischen Hof in Dermbach*

Fleischgerichte – mit Lamm

# Rhöner Lammrouladen

*Von Sonja Krug aus Empfertshausen*

| | |
|---:|:---|
| Bauchlappen vom Rhönschaf | in Stücke schneiden und mit |
| Senf | bestreichen. Anschließend mit |
| Zwiebeln | |
| Gurken | |
| Knoblauch | und |
| Speckscheiben | belegen. Mit |
| Salz, Pfeffer | bestreuen, zusammenrollen und das Fleisch mit einer Nadel fixieren. In heißem |
| Fett | anbraten, nach und nach heißes Wasser zugeben und schmoren lassen. |

*Dazu reicht man Salzkartoffeln oder Thüringer Klöße mit Rotkohl.*

*Von der Fischbacher Höhe schaut man auf Föhlritz mit dem Gläserberg.*

*Der Wetzstein in Kaltenwestheim erinnert an die tapferen Frauen des Dorfes, die im Mittelalter räuberische Truppen in die Flucht schlugen.*

Fleischgerichte – mit Wild

# Hasenbraten

### Die Vorbereitung

| | |
|---|---|
| 1 kleiner Hase (etwa 2 kg) | abziehen und ausnehmen. Kopf, Vorderläufe, Bauchlappen, Herz und Lunge für Hasenklein verwenden. Die Leber getrennt zubereiten (braten). Das Hasenfleisch nach Belieben einige Tage in |
| Sauer- oder Buttermilch | einlegen. Danach den Hasen aus der Sauermilch nehmen. Die Füllung vorbereiten. |

### Die Füllung

| | |
|---|---|
| 500 g Schweinemett | |
| 1 Brötchen (eingeweicht) | und |
| 1 Zwiebel (fein gehackt) | gut durchmengen und in den Hasen füllen. Die Lappen zunähen. |
| 80 g Butter | und |
| 80 g Speck | in einen Bräter geben und leicht anbraten, dann den gefüllten Hasen dazugeben. |
| Suppengemüse (Lauch, Kohlrabi, Möhren, Sellerie und Zwiebeln) | ebenfalls zugeben und den Hasen je nach Alter 1 bis 1½ Stunden braten. Wenn der Hase schön knusprig ist, |
| 500 ml Wasser | dazugeben und weiter garen lassen. Um die Bratensoße herzustellen, das Suppengemüse entnehmen und noch etwas Wasser dazugeben. |
| 200 g saure Sahne | und |
| 2 EL Mehl | unterrühren. Das Suppengemüse pürieren und die Bratensoße damit verfeinern. |

*Diese Steinplatte gibt das Alter der Dorfkirche von Mittelsdorf wieder.*

Fleischgerichte – mit Wild

# Hasenrücken

| | |
|---:|:---|
| 1 Hasenrücken | waschen, abtrocknen und häuten. |
| 50 g Speck | in Scheiben schneiden und den Hasenrücken in regelmäßigen Abständen damit spicken. Anschließend mit |
| Salz | bestreuen. |
| 50 g Margarine | erhitzen und den Hasenrücken braten. Den Braten dabei mehrfach mit Bratensaft übergießen. Ist der Bratensatz braun, nach und nach |
| 250 g saure Sahne | zufügen. |

*Damit sich der Hasenrücken beim Braten nicht verzieht oder wölbt, vorher die Rückenwirbel mehrfach knicken.*

# Wildpastete

| | |
|---:|:---|
| 200 g Wildfleisch | garen und fein zerkleinern. Mit |
| 50 g Semmel (gerieben) | |
| 1 Ei | |
| Salz | und der abgeriebenen Schale von |
| 1 Zitrone | und |
| 100 ml Fleischbrühe | zu einem verhältnismäßig dünnen Fleischteig verarbeiten. In eine gefettete Form füllen. Mit |
| 50 g Speckscheiben | belegen und im Backofen etwa 45 Minuten bei 170 °C (Umluft) garen. |

*Die alte Holzschuhmacherwerkstatt in Brunnhartshausen*

# Fischgerichte

## Aal in Dillsoße

| | |
|---:|:---|
| 750 g Aal | waschen und in Portionsstücke schneiden. Anschließend mit |
| 125 ml Essigwasser | übergießen. |
| 40 g Mehl | in |
| 40 g Margarine | lichtgelb schwitzen und mit |
| 750 ml Brühe | auffüllen. Gut aufkochen und den Aal 15 Minuten in der Soße sieden lassen. Zum Schluss |
| 2 EL gehackter Dill | drüber streuen. Die Soße kann mit |
| Thymian | und |
| Salbei oder Pfefferminze | verfeinert werden. |

## Fischfilet in der Auflaufform

| | |
|---:|:---|
| 600 g Fischfilet | säubern, mit |
| Zitronensaft | säuern und mit |
| Salz | würzen. |
| 2 Äpfel | waschen, entkernen, grob raspeln. |
| 2 EL Meerrettich | und |
| 125 ml süße Sahne | mit den Äpfeln vermischen und mit |
| Salz, Pfeffer | und |
| Zitronensaft | pikant abschmecken. Das Fischfilet in eine gefettete Auflaufform geben und die Apfel-Sahnemasse über den Fisch verteilen. Bei 220 °C etwa 15 bis 20 Minuten im vorgeheizten Backofen garen. |

*Totholzbäume sind wichtig für die vielen Insekten und Vögel der Rhön.*

Fischgerichte

# Fischauflauf mit Matjes

| | |
|---|---|
| 700 g Kartoffeln | waschen, in |
| Salzwasser | kochen und anschließend abgießen. Kurz abkühlen lassen und in Scheiben schneiden. |
| 2 rote Zwiebeln | schälen und würfeln. |
| 100 g roher Schinken | in Streifen schneiden. |
| 20 g Butter | in einer Pfanne erhitzen, Zwiebelwürfel und Schinken darin anschmoren. |
| 8 Matjesfilets | waschen, trocken tupfen und in Stücke schneiden. |
| 200 g gegarter Schweinebraten | in Scheiben schneiden. Eine Auflaufform einfetten und nacheinander Kartoffelscheiben, Matjesstücke und Bratenscheiben, anschließend Zwiebeln und Schinkenstreifen hineinschichten. |
| 250 g saure Sahne | mit |
| 1 EL Mehl | |
| Salz, Pfeffer | verrühren. Über den Auflauf gießen und |
| Butterflöckchen | darauf verteilen. Den Auflauf bei 130 °C Umluft etwa 30 Minuten backen. |

*Das Rhönlama am Steinköpfchen*

*Frühling an der Erbsmühle im oberen Feldatal*

## Fischgerichte

## Fischeintopf

| | |
|---:|:---|
| 300 g Fischfilet | waschen, säubern und würfeln. Mit |
| Salz | würzen, dem Saft von |
| 1 Zitrone | beträufeln. |
| 4 Tomaten | waschen und würfeln sowie |
| 4 Zwiebeln | abziehen und klein schneiden. |
| 500 ml Gemüsebrühe | zum Kochen bringen. |
| 125 g Reis | einstreuen und etwa 5 Minuten vorgaren. Das vorbereitete Gemüse zufügen, mit |
| Knoblauchsalz | und |
| Pfeffer | würzen und das Ganze etwa 15 Minuten garen. Etwa 5 Minuten vor Ende der Garzeit den gewürfelten Fisch dazugeben. Vor dem Servieren abschmecken und mit |
| 4 EL Petersilie (gehackt) | garnieren. |

## Gebratene Schollen

| | |
|---:|:---|
| 2 – 4 Schollen | säubern, die Flosse abschneiden. Mit |
| Zitronensaft | und |
| Salz | einreiben. |
| 2 EL Mehl | und |
| 4 EL Milch | verrühren und die Fische damit einhüllen. |
| Bratfett | in eine Pfanne geben und den Fisch auf beiden Seiten goldgelb anbraten. |

*Wie eine Burg trohnt der Berggasthof »Katzenstein« über dem Feldatal.*

Fischgerichte

## Fischfilet in Rahmsoße

| | |
|---:|:---|
| 1 kg Fischfilet | in Portionsstücke schneiden und mit |
| Salz | einreiben. |
| 2 Zwiebeln | in Scheiben schneiden. Fisch und Zwiebeln in |
| Fett | andünsten. |
| 5 Tomaten | in Scheiben schneiden. Die gedünsteten Forellenfilets in eine Auflaufform mit Deckel legen. Zwiebeln und Tomaten darauflegen. |
| 300 g saure Sahne | dazugeben und etwa 1 Stunde bei 200 °C im Backofen garen. |
| 1 Zitrone | in Scheiben schneiden und mit |
| Dill (klein geschnitten) | garnieren. |

*Dazu passen Salzkartoffeln und frischer Salat.*

*Mühlrain bei Diedorf*

*Eingangsfigur zum Klostergarten Zella*

# Der Heiratsmarkt in Kaltennordheim

Dem Ort Kaltennordheim in der Rhön wurde 1562 durch ein Privileg des Grafen Wilhelm von Henneberg und seines Sohnes Georg-Ernst von Henneberg das Stadtrecht verliehen. Durch die Stadtgerechtigkeit war es der Stadt Kaltennordheim von nun an auch gestattet, Jahres- und Wochenmärkte durchzuführen.

Der Markt zu Pfingsten, welcher später im Volksmund als »Heiratsmarkt« bezeichnet wurde, fand erstmals im Frühjahr nach der Verleihung des Stadtrechtes, zu Pfingsten 1563 statt und entwickelte sich im Laufe der folgenden Jahrhunderte zu einer festen Tradition. Er war ein Bauern- und Handwerkermarkt. Das von den Grafen von Henneberg stark geförderte Handwerk erreichte um diese Zeit seinen Höhepunkt.

Das Marktleben war damals bestimmt von einer großen Vielfältigkeit und einem regen Treiben. Die Bauern verkauften lebendes Vieh, Tierfelle, Eier, Käse, Milch und Feldfrüchte. Daneben standen die Handwerker mit Körben, Mollen, Holzschuhen, Böttcherwaren, Tontöpfen, Webwaren und Garn. Das Ausrufen der Marktschreier, das Feilschen und Streiten prägten den Marktalltag. Über das gesamte Geschehen wachte der Marktmeister mit seinen Knechten. Im Auftrage der Landesobrigkeit hatte er für Ruhe und Ordnung zu sorgen und die Standgelder einzutreiben. Kam

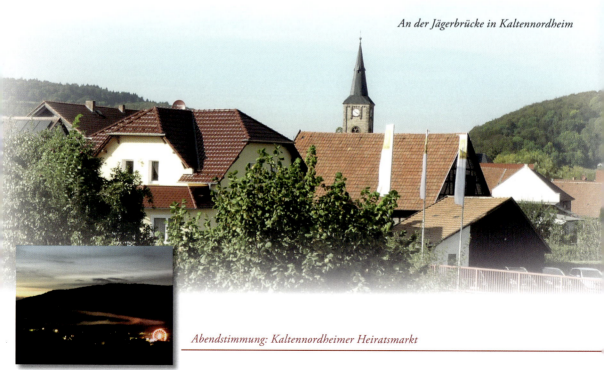

*An der Jägerbrücke in Kaltennordheim*

*Abendstimmung: Kaltennordheimer Heiratsmarkt*

Für Zwischendurch

es zu Handgreiflichkeiten, Diebstahl oder sonstigen größeren Vergehen gegen die Marktordnung oder gegen Recht und Sitte, so waltete der Büttel seines Amtes und sperrte die Übeltäter in den Kaltennordheimer Turm. Kleinere Verstöße wurden mit Bußen in Form von Naturalien oder Geld geahndet.

Die Bauern der Umgebung kannten sich über viele Generationen. Man wusste über Stärken und Schwächen des anderen recht gut Bescheid und konnte auch die soziale Lage untereinander einschätzen. Oftmals kam es deshalb während des Marktes auch zu »Heiratsvermittlungen« nach dem Motto »Heirat nach dem Mist, da weißte, wen de krist!« und mancher Bauer versprach seine schöne Tochter einem gut gestellten Landwirt oder einem wohlhabenden Handwerker. Auf diese Weise erhielt der alljährliche Pfingstmarkt seine volkstümliche Bezeichnung »Heiratsmarkt«.

Bis zum Ende des 19. Jahrhunderts blieb der Heiratsmarkt in Kaltennordheim in dieser Form erhalten, der öffentliche Handel wurde ja vorwiegend von den Märkten bestimmt. Mit der Entwicklung des gewerblichen Handels verlor das Marktleben seine alte Bedeutung. Seit dem Ende des 19. Jahrhunderts sind Schausteller auf dem »Heiratsmarkt« vertreten. Der einstige Markt begann sich nun immer mehr zum Volksfest zu wandeln und ist heute das bekannteste Volksfest in der thüringischen Rhön. Im kommenden Jahr feiert das Rhönstädtchen Kaltennordheim den 450. Heiratsmarkt.

*Das Merlinsgebäude im Schlosshof Kaltennordheim*

*Heiratsmarkt Kaltennordheim: Was werden die auf dem Markt suchen?*

# Fischfilet-Auflauf

| | |
|---:|:---|
| 1 kg Fischfilet | in gleichgroße Stücke schneiden, mit |
| Zitronensaft | beträufeln und 30 Minuten ziehen lassen. |
| 80 g Speck | würfeln und in einer Pfanne auslassen. Anschließend |
| 2 gewürfelte Zwiebeln | dazugeben und leicht braun anbraten. |
| 12 EL Kondensmilch | mit |
| 1 EL Zitronensaft | |
| 3 EL Mehl | verrühren. |
| 2 – 3 Gewürzgurken | würfeln, |
| Petersilie | hacken und beides zur Speck-Zwiebelmischung geben. Mit |
| 3 EL Senf | und |
| Salz | herzhaft abschmecken. Fischstücke mit Salz einreiben, die Hälfte in eine gefettete Auflaufform legen und mit der Füllung bestreichen. Restliche Fischstücke darauflegen und mit |
| 3 EL Tomatenmark | bestreichen. Die angedickte Kondensmilch darübergießen und mit |
| 80 g Käse (gerieben) | und |
| 2 EL Semmelmehl | bestreuen. Zum Schluss mit |
| 20 g Butterflocken | belegen. 35 bis 45 Minuten bei mittlerer Hitze backen. |

*Dazu isst man Pell- oder Salzkartoffeln.*

*Der Forstbotanische Garten in Wasungen*

Fischgerichte

# Karpfen in Stachelbeer-Fruchtsoße

| | |
|---|---|
| 1 großer, küchenfertiger Karpfen | waschen, trocken tupfen und mit |
| 1 EL Essig | und reichlich |
| Wasser | »blau« kochen. Aus dem Topf nehmen, mit |
| 2 EL Butter | bestreichen und warm stellen. |

**Die Soße**

| | |
|---|---|
| 350 g Stachelbeeren | putzen, waschen, abtropfen lassen und durch ein Sieb streichen. |
| 2 Äpfel | schälen, entkernen und das Fruchtfleisch raspeln. Stachelbeermus, Apfelraspeln und |
| 4 EL Orangengelee | mischen, mit |
| 4 EL Meerrettich | verrühren. Zum Schluss mit |
| Salz, Pfeffer | abschmecken. Den Karpfen auf einer Platte anrichten und mit der Soße überziehen. |

85

# Marinierte Heringe

| | |
|---|---|
| 4 Heringe | wässern, halbieren und entgräten. Anschließend die Haut abziehen. Die Heringsmilch aus der Haut schaben, mit etwas |
| Essig | verrühren und mit |
| 375 ml Milch | verquirlen. Die Filets in die Milch legen. |
| 125 g saure Sahne | sowie |
| Gurken-, Zwiebel- und Tomatenscheiben | in die Soße geben. |

*Blumenwiese in der Hochrhön am Ellenbogen*

Fischgerichte

# Gefüllte Forelle mit Käse-Mandelschmand

| | |
|---:|:---|
| 4 küchenfertige Forellen | waschen und trocken tupfen. Mit |
| Salz, Pfeffer | von innen würzen und mit |
| Zitronensaft | beträufeln. Für die Füllung |
| 80 g gemahlene Mandeln | mahlen, mit |
| 100 g Schmand | vermischen. |
| 1 Knoblauchzehe | durchpressen und zufügen. |
| 6 EL Petersilie (gehackt) | und |
| 3 EL Emmentaler (gerieben) | untermischen und alles gut verrühren. Anschließend mit |
| Pfeffer | und |
| Zitronensaft | abschmecken. Die Füllung in die Forelle geben. Die Forelle in |
| Mehl | wenden und von beiden Seiten goldbraun braten. |

*Vor dem Verzehr die Forelle mit Bratflüssigkeit oder heißer Butter übergießen. Mit Mandelblättchen, Petersilie und einer Scheibe Zitrone garnieren. Dazu isst man Salzkartoffeln oder Kartoffelbrei.*

*Kaltensundheim mit dem Biohof vom Graswäldchen aus*

*Die Märzenbecher läuten den Frühling ein, auf dem Buchberg bei Gleimarshausen.*

Fischgerichte

# Rhönforelle »blau«

| | |
|---:|:---|
| 1 frische Forelle | ausnehmen und unter kaltem Wasser abspülen. Innen und außen mit |
| Salz | einreiben. Anschließend mit |
| Essigwasser | übergießen, damit die Blaufärbung erhalten bleibt. |
| 1 l Wasser | |
| Salz, Zucker | |
| Petersilienstängel | und |
| ⅔ Lorbeerblatt | |
| 1 mittelgroße Möhre | sowie |
| ¾ Zitronenscheibe | in einen Topf geben und einen Sud zubereiten. In den Sud |
| 100 ml Weißwein | gießen und die Forelle hineinlegen. Den Fisch etwa 10 Minuten gar ziehen lassen. Anschließend den Fisch herausnehmen. Mit |
| Butter | und |
| Zitronenscheiben | garnieren. |

87

*Dazu schmecken Sahnemeerrettich, grüne Blattsalate und Petersilienkartoffeln.*

*Behausungen für unsere gefiederten Freunde*

*Auf dem Kuhkopf bei Diedorf*

Für Zwischendurch

## Das Dorf der Brunnen

Am Nordhang der Geba liegt das Dorf Stepfershausen – bekannt als das »Dorf der Brunnen«. Im Dorf gibt es 13 öffentliche und funktionstüchtige Laufbrunnen, die alle einen Namen und einen Brunnenspruch besitzen. Die Gemeinde feiert alljährlich ihr traditionelles Brunnenfest.

Zahlreiche Fachwerkhäuser im fränkischen Baustil, die teilweise unter Denkmalschutz stehen, prägen das Ortsbild. Ein besonderes Wahrzeichen von Stepfershausen bilden das interessante Ensemble des Kirchturmes der Trinitatiskirche und der Torturm der alten Schule. »Wächter« und »Hüter« nennt man die beiden Türme, welche heute auch denkmalgeschützt sind.

Einen Rundgang durch das Dorf zur Besichtigung der Brunnen und der liebevoll restaurierten Fachwerkhäuser beginnt man am besten auf dem zentralen Lindenplatz. Hier steht unter drei Linden, die für Freiheit, Gleichheit und Brüderlichkeit stehen, der Lindenbrunnen. Unser Weg führt uns weiter in die Burggasse. Hier hat einst eine Burg gestanden. Die letzten Zeitzeugen dieser Ära sind der Burgbrunnen und die Burggasse. Der nächste Brunnen – Pappenstein-Brunnen – verspricht demjenigen, der sein Wasser trinkt, besonders hübsch und fein zu werden. Man sollte es probieren … Der folgende Brunnen hat sicherlich seinen Namen vom Spender erhalten. Es ist der Lindner-Brunnen. Unsere Brunnentour führt uns weiter zum Kirchgässer-Brunnen. Von hier aus sieht man gut das Wahrzeichen von Stepfershausen, die Türme »Wächter« und »Hüter«. Der Ecke-Brönn, der sechste Brunnen auf unserem Rundweg, verspricht: Wer sein Wasser lange genug trinkt, der soll alt werden. Am Wed-Brunnen steht ein schöner Spruch:

*Von oben strömt Wasser zu mir,*
*ich geb's an Mensch und Tier.*
*So einfach ist mein Leben.*
*Geben immer nur geben.*

*Bauernhaus in Neidhartshausen*

## Für Zwischendurch

In der Kleffelsgasse steht der Kleffelgässer-Brunnen, der möglicherweise auch den Namen der Bewohner trägt. Am Zent-Brunnen im Unterdorf steht geschrieben: »Hier haben die Alten Zentgericht gehalten. Recht und Gerechtigkeit sei bei uns alle Zeit.« Am Solzbach im Unterdorf steht auch der Braubrunnen. Hier stand in früheren Jahren das Brauhaus. In der Schäfergasse am unteren Ende des Dorfes steht der Schäfer-Brunnen. Er diente besonders als Tränke für das Vieh. Am oberen Backhaus befindet sich der Gänsebrunnen. In früheren Jahren gab es noch Gänseweiden und dieser Brunnen galt als Treffpunkt der Gänsehirten. Der letzte Brunnen auf unserer Tour ist der Mühlbrunnen. In Stepfershausen gab es einmal vier Mühlen. Sie nannten sich Hochmühle, die kleine Mühle, die Fuchs- oder Mittelmühle und die Untermühle. Aber leider klappern keine Mühlen mehr in Stepfershausen.

*Fränkisches Fachwerkhaus in Stepfershausen*

*Die katholische Kirche und die Probstei von Zella*

Fischgerichte

# Lachsforelle im Salzteigmantel

| | |
|---|---|
| 2 kg Lachsforelle | unter fließendem kaltem Wasser kurz abspülen. Den Innenbauch mit Salz einreiben und nochmals kurz waschen. Die Forelle mit Küchenkrepp trocken tupfen. |
| Kräuter (Zitronenmelisse, Thymian, Borretsch, Estragon, Salbei, Petersilie, Ysop, Schnittlauch, Knoblauch) | in den Bauch des Fisches füllen und ihn auch außen damit bestreichen. |

**Der Salzteigmantel**

| | |
|---|---|
| | Man bereitet einen verfeinerten Salzteig. Für 1 kg Teig: |
| 400 g Salz | mit |
| 400 g Mehl | und |
| 3 – 4 Eiweiß | sowie |
| 100 ml Wasser | zu einem Teig kneten. Den Salzteig fest an den Fisch drücken und bei 200 °C auf der mittleren Schiene 1 Stunde backen. Den Fisch herausnehmen und mit einem Messer mit kurzer Klinge und mit einem kleinen Hammer aufklopfen. |

**Variante:** *Man kann anstelle des Salzteiges den Fisch auch nur in Salz backen. Dafür benötigt man 2 bis 3 kg Salz.*

*Dazu schmeckt eine delikate Senf-Sahne-Soße (Rezept Seite 98), frisch aufgebackenes Stangenweißbrot und ein grüner Salat.*

*Brunnhartshausen liegt versteckt unterm Waltersberg.*

## Fischgerichte

# Karpfen im Gemüsebeet

*Von Sonja Krug aus Empfertshausen*

| | |
|---:|:---|
| 1 kg Karpfen | ausnehmen, waschen und zerteilen. Den Karpfen mit |
| Zitronensaft | und |
| Salz | einreiben. |
| Gemüse (Möhren, Sellerie, Petersilienwurzel, Kohlrabi, Weißkraut) | putzen, waschen und in Streifen schneiden. |
| 25 g Margarine | in einem Topf zergehen lassen und das Gemüse mit etwas Salz anbraten. Anschließend |
| 500 ml Bier | zugeben. Auf das Gemüse die Fischstückchen geben, mit |
| Margarineflocken | belegen und im fest verschlossenen Topf etwa 30 Minuten dünsten. |

*Vor dem Auftragen mit gehackten frischen Kräutern bestreuen.*

*Dorfkirche von Mittelsdorf*

*In Stepfertshausen wird am Backhaus auch der Brunnen zu Ostern geschmückt.*

Fischgerichte

## Gefüllte Forelle mit Pilzen im Weißweinsud

| | |
|---:|---|
| 4 Forellen | waschen, mit |
| Zitronensaft | beträufeln und mit |
| Salz | würzen. |
| 100 g Champignons | putzen, zerkleinern und in |
| 50 g Fett oder Speck (durchwachsen) | anbraten. |
| 1 kleine Zwiebel | würfeln und mitbraten. Mit |
| Salz, Pfeffer | abschmecken. Die Masse in die Forellen füllen. Den Fisch in eine gefettete, feuerfeste Form legen, mit |
| 300 – 500 ml Weißwein | auffüllen, mit |
| 50 g Butterflöckchen | belegen und mit |
| Dill, Petersilie (gehackt) | bestreuen. Bei 160 °C Umluft etwa 30 Minuten backen. |

*Dazu isst man Salzkartoffeln und Bauernsalat.*

*Das alte Plesshaus bei Breitungen*

*Wanderhütte des Rhönklubs am Emberg*

Fischgerichte

# Fischspaghetti

| | |
|---|---|
| 250 g geräucherter Fisch | entgräten, häuten und zerpflücken. |
| Bratfett | erhitzen und den Fisch kräftig durchbraten. |
| 4 Tomaten | häuten und in kleine Würfel schneiden, zu dem Fisch fügen und weiterschmoren lassen. Zuletzt mit |
| Salz | |
| Zitronenschale (abgerieben) | und |
| 125 ml Zitronensaft | abschmecken. |
| 375 g Spaghetti | gar kochen und mit |
| 50 g Butter (zerlassen) | übergießen. Den Fisch vorsichtig unterheben. Beim Anrichten mit |
| 65 g Käse (gerieben) | und |
| Petersilie (gehackt) | bestreuen. |

*Musikanten spielen zum Marktfest in Dermbach auf.*

*Herbstliche Stimmung in Kaltenlengsfeld*

Soßen

## Biersoße

| | |
|---:|---|
| 250 ml Gemüsebrühe | mit |
| 2 – 3 Gewürzkörner (Pfeffer, Wacholderbeeren) | |
| 1 Nelke | und |
| 1 Zwiebel | aufkochen. Anschließend durchseihen. |
| 250 ml dunkles Bier | zugeben und mit |
| 40 – 60 g Soßenkuchen (gerieben) | binden. Mit |
| Salz, Essig, Zucker | und |
| Honig-Sirup | abschmecken. |

*Die Soße eignet sich besonders als Beigabe zu Rindfleisch, Hackbraten, Wild oder Fisch.*

## Joghurtsoße

| | |
|---:|---|
| 500 g Joghurt | mit |
| 1 EL Zitronensaft | |
| 1 Prise Zucker | und |
| Salz | vermengen. Anschließend |
| 2 EL Mayonnaise | zufügen und cremig rühren. Zum Schluss |
| Kräuter (frisch, gehackt) | unterrühren. |

*Sommerveranstaltung im Graswäldchen*

## Soßen

# Petersiliensoße

| | |
|---:|:---|
| Margarine | erhitzen. |
| 1 Zwiebel | klein würfeln, zu der zerlassenen Margarine geben und so lange rühren, bis die Zwiebeln glasig sind. Anschließend |
| 3 EL Mehl | dazugeben und mit |
| 1 l Fleischbrühe | auffüllen, dabei tüchtig rühren. |
| 1 Bund Petersilie | fein hacken und unter die Masse mischen, diese noch einmal kurz aufkochen lassen. |
| 1 Ei | mit |
| 2 EL süße Sahne | verquirlen und unter die nicht mehr kochende Soße geben. |

*Dazu serviert man Salzkartoffeln und Hackklößchen.*

*Der Löwe thront als Wächter über der Gutshofeinfahrt.*

*Jägerfest Weidberg: Essen aus der Gulaschkanone*

# Die Probstei in Zella in der Rhön

Im 11. und 12. Jahrhundert wohnte auf der Bergeshöhe bei Neidhartshausen in seiner Nithartsburg der ebenso reiche wie fromme Dynast Erpho. Die Burg, in welcher er wohnte, war mit einem Wallgraben umgeben. Unweit derselben, nach Süden zu gelegen, bei dem so genannten Taufstein, wohnten die Burgmänner. Taufstein wird der Platz genannt, weil die bekehrten Heiden dort getauft wurden. Den Herren von Neidhartshausen gehörte das ganze obere Feldatal, welches zum Tullifeld gehörte.

Auf Betreiben des Bischofs Otto I. von Bamberg (1102 bis 1139) und unter dem Bischof Embrico von Würzburg (1127 bis 1147) stiftete Erpho, dessen Gemahlin Gertrud hieß, auf eigenem Boden zu Zella ein Benediktinernonnenkloster im Jahre 1136. Das Kloster war an den vier Ecken mit Türmen verziert. Die Klosterfrauen kamen meist aus Adelsfamilien. Bald nach der Erbauung des Klosters siedelten sich in dessen Nähe die ersten Tagelöhner an. Das Kloster gab ihnen ein Stück Land als

*Die Altäre der Katholischen Kirche von Zella präsentieren sich in einem farbigen Stuckmarmor.*

*Mariengrotte im Klostergarten von Zella*

— Für Zwischendurch —

Lehen, wo sie ihr Häuschen bauen konnten. Die Häuschen waren klein und besaßen mitunter nur zwei Räume – Kammer und Küche. Die Küche hatte einen offenen Kamin, der zur Zubereitung der kargen Mahlzeit diente und den Raum beheizte.

Aus Wuckes Sagenschatz wird folgendes von der Gründung der Probstei erzählt: Der Graf von Nidhartishusen stand eines Morgens droben am Fenster seiner Burg, da sah er mitten im Grün des ihm gegenüberliegenden Bergrückens eine Stelle, die mit frisch gefallenem Schnee dicht bedeckt war. Der Graf traute kaum seinen Augen, denn es war im höchsten Sommer. Er rief sogleich die Dienerschaft herbei und alle überzeugten sich von dem Wunder, das so unvermutet gekommen sei und das der Himmel wohl nicht umsonst habe geschehen lassen. So erbaute der Graf (und da es ihm vielleicht auch da und dort noch am Gewissen zupfen mochte) auf jener freundlichen Höhe, wo er den Schnee gesehen, eine Kapelle, die er dann später den frommen Herren in Fulda überließ. Das war der Anfang der Probstei und von dem Dorfe Zella.

Die thüringische Rhön gehörte seit Jahrhunderten zu den Besitzungen der Abtei Fulda. Als der Kaiser Rudolph von Habsburg um 1284 die Abtei Fulda zur Fürstabtei erhob, wurden die engsten Mitarbeiter ebenfalls Würdenträger, die sich mit ihm die Leitung und Regierung des Landes teilten. Diese Würdenträger bildeten das sogenannte Domkapitel. Jeder dieser 15 Kapitulare bekam eine Probstei. Einer dieser Pröbste erhielt das Kloster Zella. Zur Probstei Zella gehörten seit dem Untergang des Klosters im Jahre 1550 die Dörfer Zella, Föhlritz und Steinberg. Das Leben der Tagelöhner wandelte sich auch nicht, als nach der Säkularisierung im Jahre 1803 aus dem ehemaligen Klostergut eine Staatsdomäne wurde. Sorgen um das tägliche Brot, die karge Entlohnung bei einem 14-stündigen Arbeitstag und die Arbeitslosigkeit waren ständige Wegbegleiter der Dorfbewohner. Erst 1917 wurde das Kammergut an die hiesige Bevölkerung verkauft. Nach über 700 Jahren durften sie das Land ihr Eigen nennen, das sie und ihre Vorfahren als Knechte und Mägde bearbeitet hatten.

Heute ist die Probstei Zella der Verwaltungssitz des Biosphärenreservates Thüringer Rhön.

*Das Probsteigebäude von Zella ist ein langgestreckter zweigeschossiger Barockbau von 1718.*

## Senf-Sahne-Soße

| | |
|---:|---|
| 1 Bund Schalotten | fein hacken und mit |
| 3 EL mittelscharfer Senf | und |
| 200 ml süße Sahne | mischen. Die Soße mit |
| Salz | und |
| Pfeffer (weiß, frisch gemahlen) | abschmecken. |

## Echte Mayonnaise

| | |
|---:|---|
| 2 Eigelb | mit |
| 1 Prise Salz | verrühren. Tropfenweise |
| 125 ml Öl | zusetzen und rühren, bis die Mayonnaise ganz steif ist. Zuletzt mit |
| Zitronensaft | und |
| Salz | abschmecken. |

## Hollandaise

| | |
|---:|---|
| 1 Eigelb | mit |
| 1 Prise Salz | |
| 1 Prise Pfeffer | und |
| 1 EL Essigwasser | im Wasserbad schaumig rühren. |
| 100 g Butter | zerlassen, tropfenweise dazugeben und schaumig rühren. |

*Flugtag der Modellflieger am Giebelchen*

Soßen

# Frühlingssoße

| | |
|---:|---|
| 1 l saure Sahne (10% Fett) | mit |
| Salz, Pfeffer | |
| Knoblauch | würzen. |
| 8 Eier | hartkochen, schälen, würfeln und vorsichtig unter die Sahne heben. |
| 1 großes Bund Schnittlauch | klein schneiden und mit der Sahne verrühren. |

*Dazu isst man Salzkartoffeln.*

*Die Disteln zeugen von mageren Böden in der Rhön.*

*Die Rhön ist auch ein Mountainbiker-Paradies.*

Kartoffelgerichte und Beilagen

# Gefüllte Kartoffeln

| | |
|---:|:---|
| 12 große Kartoffeln | schälen, gar kochen und vorsichtig aushöhlen. |
| 25 g Margarine | erhitzen. |
| 3 Tomaten | abziehen und das Fleisch in Stücke schneiden. |
| 200 g Schinken | würfeln und mit den Tomatenwürfeln kurz andünsten. |
| 2 Eier | mit |
| 2 EL Milch | |
| 1 EL Reibekäse | und |
| Salz, Paprikapulver | verquirlen, zu der Schinkenmischung geben und unter Rühren knapp fest werden lassen. Die Kartoffelhälften mit der Mischung füllen und in einen Topf in |
| 25 g Margarine | setzen. |
| 375 ml Brühe | dazugießen und zugedeckt auf dem Herd völlig gar werden lassen. Vor dem Servieren mit |
| Dill | bestreuen. |

*Die Soße kann vorher mit etwas Mehl gebunden werden.*

*Blick in die hohe Rhön*

*130 Jahre Feuerwehr*

### Kartoffelgerichte und Beilagen

# Zwetschgendätscher

*Von Evelyn Hofmann aus Kaltensundheim*

| | |
|---:|:---|
| 6 – 8 Pellkartoffeln | noch heiß schälen und durch die Presse drücken. |
| 2 Eier | und |
| 1 TL Salz | dazugeben und mit |
| 500 g Mehl | zu einem Teig verkneten. |
| 100 ml Speiseöl | auf dem Blech verteilen und den Teig auftragen. Auf den Teig nochmals Speiseöl streichen und |
| 500 g Pflaumen | darauflegen. Etwa 1 Stunde bei 180 °C backen. Nach dem Backen |
| 100 g Zucker | darüberstreuen. |

# Bauernfrühstück

| | |
|---:|:---|
| 1 kg Kartoffeln | kochen und danach in Scheiben schneiden. |
| 400 g roher Schinken oder Rauchfleisch | in Würfel schneiden und mit |
| 1 EL Zwiebeln (fein gehackt) | in einer Pfanne anbraten. Die Kartoffelscheiben zugeben. |
| 2 – 3 Eier | mit |
| 3 – 4 EL Milch | und |
| Salz, Pfeffer | verrühren und über die Kartoffelscheiben gießen. Alles stocken lassen ohne zu rühren. |
| 1 Bund Schnittlauch | klein schneiden und über die Kartoffelmasse streuen. |

*Ein grüner Salat schmeckt dazu besonders gut.*

*Die Alte Herrenmannschaft des Sportvereins im Festumzug*

Für Zwischendurch

## Rhönräuber Paulus

In fast allen Gegenden lebt in den Erzählungen des Volkes eine Räubergestalt fort. Das Volk sah größtenteils in diesem nicht einen Schädling der menschlichen Gesellschaft, sondern einen, der Bedrängten und Armen half und ungerechten oder geizigen Reichen schadete. Die Taten solcher romantischen Räuber werden in ihrer Überlieferung noch ausgeschmückt, Taten und Vergehen anderer werden hinzugedichtet, so dass wir heute aus den Erzählungen und Anekdoten Dichtung und Wahrheit kaum noch unterscheiden können.

Solch eine Räubergestalt in unserer Rhönheimat war »Paulus, der Rhönräuber«. Um das Jahr 1735 muss Paulus als Sohn eines Schäfers auf dem am nördlichen Hang des Hahnenbergs gelegenen Kohlbachshof geboren sein. Dieser Kohlbachshof lag unweit des Roßhofes bei Roßdorf, wurde aber gegen Anfang des 19. Jahrhunderts abgerissen. Seine Bewohner hatten Hehlerei getrieben und mit der Zeit war das Anwesen gänzlich verfallen.

*Rhönpaulus – die dunkle Gestalt*

*Szene aus dem Musical »Rhönpaulus«
in Dermbach*

## Für Zwischendurch

Von den vielen Taten, die sich als Legenden um die Person des »Rhönräubers Paulus« ranken, seien hier nur einige aufgezählt, die auch aller Wahrscheinlichkeit nach von ihm verübt sein müssen und ihn als Menschen charakterisieren.

Westlich der Paulushöhle war im Feldagrund eine Hammerschmiede. Der Hammerschmied besaß eine selten große Münzensammlung, die er an arbeitsfreien Abenden seinem Buben zeigte. Eines abends hatte der Meister wieder einmal dem Jungen die Münzen zum Spielen überlassen, der fröhlich krakeelend damit spielte und zu weinen begann, als der Vater ihm die Münzen wieder abnahm, um den Jungen ins Bett zu schicken. Der Vater sagte ärgerlich und um zu beschwichtigen zu seinem Sohn: »Sei still, sonst gebe ich das Geld Paulus!« Um diese Drohung noch zu unterstreichen, machte er das Fenster auf und reichte das Geld hinaus. Paulus, der zufällig unter dem Fenster stand, wahrscheinlich um ein Stück Brot zu erbitten, griff fröhlich zu und verschwand eiligen Schrittes mit der reichen Beute.

Kurz nach dem Raub der Münzsammlung wurde Paulus bei einem Einbruch in Kaltensundheim gefasst und in Kaltennordheim in Haft gesetzt. Der alte Ausreißer wurde mit einer Kette angeschmiedet. Trotzdem gelang es Paulus durch fortwährendes Scheuern und Reiben die Kette zu lösen und zu entfliehen.

Tagelang lag er nun mit schmerzenden Beinen in der Höhle und wurde vom Hunger stark gequält. Mehrere Male schlich er nach Glattbach, um sich etwas Essen zu erbitten. Dabei bat er einmal, man möchte ihm doch einen Schmied schicken, der ihm die Fesseln abfeilen sollte. Es fand sich ein Schmied in Wiesenthal, der Paulus von seinen Fesseln befreite, ihn gegen Belohnung dann aber verriet. So wurde Paulus von einem starken Polizeiaufgebot in seiner Höhle gestellt und verhaftet. Unter starker Bewachung brachte man ihn gefesselt nach Kaltennordheim. Hier wurde er so bewacht, dass eine Flucht nicht mehr möglich war.

Nach langen Gerichtsverhandlungen wurde Paulus, trotz verschiedener Gnadengesuche, zum Tode durch den Strang verurteilt. Die Hinrichtung musste laut Gesetz im Amte Fischbach durchgeführt werden. Da Paulus' Ausbrecherkünste gefürchtet waren, wurde ein Kasten angefertigt, in welchem der Delinquent nur Kopf, Arme und Beine in dafür vorgesehene Löcher ausstrecken konnte. Der Galgen stand am Neuberg, unweit seiner Höhle, die er einstmals bewohnte.

*Musical »Rhönpaulus« in Dermbach:*
*Die Gendarmen suchen den Rhönpaulus.*

Kartoffelgerichte und Beilagen

# Himmel und Aarn

| | |
|---|---|
| 500 g Kartoffeln | waschen, schälen und in Stücke schneiden. In |
| Salzwasser | halb weich garen. |
| 500 g Äpfel | schälen, entkernen, das Fruchtfleisch in Stücke schneiden. Zu den Kartoffeln geben und ebenfalls gar werden lassen. |
| 50 g Speck | würfeln und in einer Pfanne auslassen. Kartoffeln und Äpfel zerdrücken und mit dem Speck verrühren. Mit etwas |
| süße Sahne | abschmecken. |

# Huller-Zammete

*Von Jutta Zedlack aus Breitungen*

| | |
|---|---|
| 750 g Kartoffeln | schälen, waschen und in |
| Salzwasser | gar kochen. Anschließend mit dem Stampfer zerdrücken. |
| 3 EL Kartoffelmehl | unter ständigem Rühren zugeben, bis sich der Teig leicht ziehen lässt. |
| 100 g Butter | erhitzen. |
| 250 g durchwachsener Speck | würfeln und in der Butter anbraten. |
| 500 g Zwiebeln | würfeln, zu dem Speck geben und mitbraten, bis sie glasig werden. Aus der Kartoffelmasse kleine »Huller« (Kugeln) formen, in die Specksoße geben und unter ständigem Wenden so lange backen, bis sie glasig aussehen. |

*Die Eröffnung des Rhöner Wandertages in Geisa*

Kartoffelgerichte und Beilagen

# Thüringer Klöße

| | |
|---:|:---|
| 3 kg Kartoffeln | schälen. 2 Drittel davon reiben, in ein Kartoffelsäckchen geben und auspressen. Die Pressmasse danach sofort auflockern, in einer Schüssel mit |
| 250 ml Dickmilch | verrühren und mit |
| Salz | abschmecken. Das übrige Drittel Kartoffeln kochen und mit dem Kartoffeldrücker zerkleinern. Beide Teigmassen miteinander vermischen. Aus der Teigmasse Klöße formen und in die Mitte 1 bis 2 |
| geröstete Semmelbröckchen | legen. Die Klöße in siedendem Wasser etwa 20 Minuten gar ziehen lassen, bis sie oben schwimmen. |

*Gebaweg in der Vorderrhön – typische Rhöner Landschaft*

*Die Gemeinde Eckerts in der östlichen Vorrhön*

Kartoffelgerichte und Beilagen

## Matze (Rahmpampes)

| | |
|---|---|
| 5 kg Kartoffeln | davon 1 kg kochen, schälen und reiben oder durch die Kartoffelpresse drücken. Die restlichen 4 kg Kartoffeln schälen, reiben, mit |
| Salz | und |
| 1 Zwiebel (fein gehackt) | würzen. Den gekochten und rohen Kartoffelteig mischen und |
| 1 Ei | und etwas |
| Rahm | hinzufügen. Anschließend in heißem |
| Fett | knusprig anbraten. |

*Dazu isst man Apfelmus oder anderes Obst.*

## Buttermilchkartoffeln

| | |
|---|---|
| 2 kg Kartoffeln | schälen, kochen, abgießen und etwas zerkleinern. |
| 100 g Speck | auslassen und |
| 100 g gekochter Schinken | anbraten. |
| 100 g Zwiebeln | klein schneiden, anbräunen. Alles gut mischen. Auf Tellern anrichten und |
| 1 l Buttermilch | darübergeben. |

*Das Kriegerdenkmal auf dem Dorfanger von Kaltenlengsfeld*

Kartoffelgerichte und Beilagen

# Kartoffelbällchen (Flögel)

| | |
|--:|:--|
| 1 kg gekochte Kartoffeln | schälen und mit dem Stampfer zerdrücken. Etwas |
| Salz | darüberstreuen. Nach und nach |
| Mehl | dazugeben, bis man den Teig in Bällchen formen oder zupfen kann. |
| 200 g Speck-Grieben | in einer Pfanne erhitzen und die Kartoffelbällchen darin goldgelb braten. |

*Anstatt Speck-Grieben kann man auch Schinkenspeckwürfel nehmen. Dazu isst man rohes oder gekochtes Sauerkraut.*

*Die Burg Frankenstein über Helmers*

*Das Ziegenpaar gehört zum Streichelzoo der »Ponte Rosa«.*

Für Zwischendurch

# Evangelische Wehrkirche in Kaltensundheim

Es war die Zeit des ausgehenden Mittelalters, wo die Fürsten mit rücksichtsloser Gewalt nach der Ausdehnung ihres Herrschaftsgebietes strebten. Die Leidtragenden der vielen Kleinkriege waren die Bauern, die sich nicht auf eine Burg zurückziehen konnten. In dieser Not schufen sich die Bauern durch die Befestigung der Dorfkirche eine Zufluchts- und Verteidigungsstätte. Dazu wurde der Kirchturm mit Schießscharten versehen, die Friedhofsmauer verstärkt, das Eingangstor befestigt und nach Möglichkeit die Kirche selbst auf einem Berg erbaut. So entstanden aus der Situation heraus die Wehrkirchen.

Wer sich dem Dorf Kaltensundheim nähert, sieht zuerst die alte wuchtige Kirchenburg am Nordostrand des Ortes auf einem Kalksteinfelsen. Die Wehrkirche bestimmt seit Ewigkeiten das Ortsbild von Kaltensundheim. Die knapp 1000 Einwohner zählende Gemeinde Kaltensundheim kann auf eine lange Geschichte verweisen. Urkundlich erwähnt wurde der Ort erstmalig 795 als Sundheim im Tullifeld, doch dürfte das Dorf vermutlich schon älter sein. Den Zusatz »Kalten« erhielt Sundheim erst im 14. Jahrhundert. Die Wehrkirche mit ihrem gedrungenen Turm wurde ursprünglich durch vier Wehrtürme geschützt. Eine sechs bis sieben Meter hohe, fast quadratische Wehrmauer schloss die Wehrkirche ein.

Im Jahre 1634 hielt die Anlage den Angriffen der Kroaten unter Isolani stand, während das Dorf geplündert wurde. Vom Dorf aus führt der Weg durch ein Torhaus, die ehemalige alte Schule, zur Kirche. Der am besten erhaltene Wehrturm befindet sich im Nordosten der Anlage. Das Friedhofstor in der Ostmauer wurde erst nachträglich eingebrochen, die Inschriften von 1600, 1727 und 1826 belegen dies.

Bis heute ist die wehrhafte Kirche, die malerisch über das Dorf hinausblickt, mit ihrer Wehranlage beeindruckend. Kaltensundheim gehörte einst zu den besonders stark befestigten Dörfern der Rhön, denn der Ort war ehemals zusätzlich mit einer Dorfmauer ausgestattet.

*Probstei Zella und Diedorf*

Kartoffelgerichte und Beilagen

# Wickelklöße (Krauthötes)

| | |
|---:|:---|
| 750 g Kartoffeln | reiben und kochen. Mit |
| 100 g Weizenmehl | |
| Salz, Muskat | und |
| 20 g Margarine | |
| 1 Ei | zu einem Teig verarbeiten. Auf einem bemehlten Brett etwa ½ cm dick ausrollen. Mit |
| 20 g Margarine | bestreichen, mit |
| 100 g Schinkenwürfel (geröstet) | und |
| 200 g Sauerkraut | belegen. Schmale Streifen abschneiden, zusammenrollen, zudrücken und nebeneinander im Backofen etwa 30 Minuten bei 180 °C backen. |

*Wie eine Feste thront die Kirchenburg Kaltensundheim über dem Ort.*

*Idyllisch lagern sich die Gräber an die Kirchenanlage Kaltensundheim.*

Kartoffelgerichte und Beilagen

## Kartoffeltopf

| | |
|---:|---|
| 1 kg rohe Kartoffeln | schälen und in Würfel schneiden. |
| 100 g Speck | und |
| 2 Zwiebeln | fein schneiden. |
| 1 Knoblauchzehe | zerdrücken. Mit dem Speck und den Zwiebeln im Topf auslassen. Dann die Kartoffeln roh zugeben und mit |
| Salz | |
| Kümmel, Paprikapulver | würzen. |
| 1 Brühwürfel | in |
| 1 Tasse Wasser | auflösen und über die Kartoffeln gießen. |
| 400 g Knacker | auf die Kartoffeln legen. Den Topf gut verschließen und 25 Minuten bei kleiner Hitze dämpfen. Vor dem Servieren nach Geschmack würzen. |
| Petersilie, Schnittlauch (fein gehackt) | oder andere Kräuter zugeben. |

## Schwenkkartoffeln

| | |
|---:|---|
| 750 g Kartoffeln | mit der Schale garen. |
| 40 g Speck | würfeln und in |
| 20 g Margarine | anschwitzen. Die gekochten Kartoffeln schälen und in der Margarine-Speckmischung schwenken. Zum Schluss |
| frische Kräuter | darüberstreuen. |

*Holzplastik in Empfertshausen*

Kartoffelgerichte und Beilagen

# Rhöner Kartoffeldätscher

| | |
|---:|---|
| 2 kg Kartoffeln | schälen, kochen und anschließend mit dem Kartoffeldrücker zerkleinern. |
| 1 Ei | |
| 1 Prise Salz | und |
| 150 g Mehl | hinzufügen und zu einem Teig verarbeiten, kneten und anschließend ausrollen. Den ausgerollten Teig auf ein gefettetes Backblech legen, mit |
| Öl | bestreichen und mit |
| Zwetschgen (entsteint, geviertelt) | belegen. Den Dätscher etwa 20 Minuten bei 180 °C backen. |

*Man kann den Dätscher auch mit Butterflocken oder Rahm und Vanille verfeinern.*

Reichenhausen von der Alten Mark aus

Rhönschäfer: Holzfigur in Empfertshausen

## Kartoffelkroketten

| | |
|---:|:---|
| 750 g Kartoffeln | schälen und in |
| Salzwasser | garen. Abgießen, durchpressen und auf einem Blech erkalten lassen. Die Kartoffelmasse mit |
| 2 Eigelb | und |
| 1 TL Stärkemehl | verrühren. Mit |
| Salz | und |
| Muskatnuss (gerieben) | abschmecken. Aus dem Teig längliche Kroketten formen. Zuerst in |
| 1 Ei (verquirlt) | anschließend in |
| Semmelmehl | wenden. |
| Fett | in einem Topf erhitzen und die Kroketten darin ausbacken. |

## Kartoffel-Zammete

| | |
|---:|:---|
| 600 g gekochte Kartoffeln | schälen, stampfen und |
| 1 Prise Salz | darübergeben. |
| 1 Stange Lauch | in Scheiben schneiden. |
| 50 g Zwiebeln | würfeln, |
| 250 g Rippenspeck | klein schneiden und alles in einer Pfanne in |
| Griebenschmalz | rösten. Die Kartoffelmasse unterheben. |

*Am besten schmeckt die Kartoffel-Zammete mit Dickmilch.*

*Blick vom Hemschenberg nach Kaltenwestheim*

Kartoffelgerichte und Beilagen

# Meppels Kartoffelgemüse

*Von Mechthild Grösch aus Wüstensachsen*

| | |
|---:|:---|
| 500 g Pellkartoffeln | schälen und in dünne Scheiben schneiden. |
| 1 EL Öl | in einer Hochrandpfanne erhitzen. |
| 3 EL Mehl | darin anschwitzen. |
| 300 ml Wasser | auffüllen und gut glatt rühren. |
| Salz, Muskat | |
| 1 Soßenwürfel (löslich) | und |
| Lorbeer | dazugeben. Die Kartoffelscheiben unterrühren und danach abschmecken. |

*Dazu passt Blutwurst und Rote Bete-Salat.*

*Feldamühle am Lindig*

*Hemschenberg bei Mittelsdorf*

— Für Zwischendurch —

# Kelten in der Rhön

Die Kelten lebten ehemals in ganz Europa. Die Spuren ihrer Kultur hinterließen sie von Vorderasien bis nach Westeuropa. Sie waren sehr vielseitig, bauten Städte, betrieben Handel und prägten Münzen. Obwohl sie schon eine Schrift entwickelt hatten, gibt es nur Überlieferungen in Mundform. Erste Nennung der Kelten gibt es durch griechische Historiker seit 500 bis 450 v.Chr. Die Bezeichnung »Kelten« kommt auch von dem griechischen Wort »keltoi« und bedeutet so viel wie »die Tapferen« oder »die Kühnen«. Der Grieche Herodot verwendete diesen Begriff das erste Mal um 450 v.Chr.

Die Kelten waren nie zentral organisiert, hatten nie ein Oberhaupt für alle Stämme und haben nie einen Staat gegründet. Sie verteilten sich auf viele verschiedene Stämme und Stammesverbände, die nur einige kulturelle Gemeinsamkeiten hatten. Die einzelnen Stämme lebten in Siedlungen, die von einem Häuptling angeführt wurden. Die Rangfolge innerhalb eines Clans wurde durch ihr Vermögen bestimmt. Die Männer waren die Herren über Leben und Tod von Frauen und Kindern. Dennoch gibt es einige Hinweise, dass die keltischen Frauen großen Einfluss auf die eigene Familienplanung hatten.

Die Niederlage gegen Cäsar bei Alesia bewirkte den Zerfall der keltischen Welt. Die Kelten wurden weiter nach Norden verdrängt. Der Name der Rhön könnte aus dem keltischen Wort »Raino« stammen und bedeutet so viel wie Hügelland. Die Kelten waren ihrer Zeit schon weit voraus. Sie konnten solche Gegenstände wie Fibeln – eine Art Sicherheitsnadel – Töpferscheiben und Pflugschare herstellen. Auch mit der Herstellung von Seife befassten sie sich.

Quer durch die Rhön sind viele Spuren der Kelten zu finden, so beispielsweise auf den Bergkuppen des Baiers, des Umpfens, des Öchsenberges, der Milseburg über das Grabfeld bis hin zu den Gleichbergen.

Sehr schön ist auch die Nachbildung bei Sünna am Fuß des Öchsenberges anzuschauen. In der Nachbarschaft des Keltenwaldhotels »Zur Goldenen Aue« hat eine Arbeitsgemeinschaft das Projekt Keltendorf umgesetzt, um die Geschichte der Kelten und der Kelten in der Rhön nachzuvollziehen. So veranstaltet der Verein mit dem Keltenwaldhotel Keltenfeste wie das Lugnasad-Fest. Ein Besuch dieser Anlage lohnt sich für Jung und Alt.

*Das Gipfelkreuz auf dem Öchsenberg*

Kartoffelgerichte und Beilagen

## Stärkeklöße

| | |
|---:|:---|
| 1 kg Kartoffeln | schälen, waschen und klein schneiden. In Wasser garen, pürieren und heiß in eine Schüssel füllen. Das Kartoffelpüree mit |
| 100 g Stärkemehl | und |
| ½ TL Salz | mischen und kräftig verrühren. Nochmals |
| 100 g Stärkemehl | zugeben und durchrühren. |
| 2 Brötchen | in kleine Stücke schneiden. |
| 80 g Butter | in einer Pfanne zerlassen und die Brötchen darin anrösten. Aus dem Teig Klöße formen und in die Mitte jedes Kloßes ein Brötchenstück geben. Die Klöße in heißem Wasser 20 bis 25 Minuten gar ziehen lassen. |

*Blütenpracht im Klostergarten Zella*

*Neben vielen Tierfiguren bestimmen sakrale Schnitzereien die Fertigungspalette der heutigen Schnitzergeneration in Empfertshausen.*

Nudelgerichte

# Rhöner Eierspatzen

| | |
|---:|:---|
| 4 Eier | verquirlen und mit |
| 40 ml Wasser | und |
| 200 g Mehl | verrühren, so dass der Teig zähflüssig ist. |
| Speck | nach Belieben würfeln, ausgehen lassen und mit dem Teig vermengen. Mit einem Esslöffel große Portionen abstechen und in einen Topf mit siedendem |
| Salzwasser | geben und kochen lassen. Schwimmen die Teigstückchen oben, sind sie gar und können mit dem Sieb herausgeholt werden. |

*Dazu reicht man grüne Blattsalate in einem saure Sahne-Dill Dressing.*

*Wasungen: Pfaffenburg und Stadtkirche*

*Küchenschellen auf einer Bergwiese an der Hohen Geba*

# Nudelgerichte

## Selbst gemachte Breite Nudeln

| | |
|---|---|
| 4 Eier | mit |
| 1 Prise Salz | und |
| 10 EL Mehl | verkneten und auf einer mit Mehl bestäubten hölzernen Unterlage dünn ausrollen. Den ausgerollten Teig in Stücke teilen und trocknen lassen (dabei mehrmals wenden). Den trockenen Teig in etwa 1 cm breite Streifen schneiden. |

*Dazu isst man Wildragout oder deftigen Braten.*

## Hausmachernudeln

*Von Jutta Zedlack aus Breitungen*

| | |
|---|---|
| 250 g Mehl | sieben und auf die Arbeitsplatte geben. In die Mitte eine Vertiefung eindrücken. |
| 1 – 2 Eier | und |
| 2 EL Wasser | verquirlen und in die Vertiefung geben. Von der Mitte aus einen festen Teig kneten und diesen dann in 4 Teile teilen. Die Stücke so dünn wie möglich ausrollen und trocknen lassen. Anschließend in schmale Streifen schneiden, locker ausbreiten und nochmals trocknen lassen. |

*Die Nudeln schmecken hervorragend in einer kräftigen Fleischbrühe oder Geflügelsuppe, die man nach Belieben mit Muskatnuss verfeinern kann.*

*Märzenbecher am Buchberg bei Gleimershausen*

Für Zwischendurch

# Mariä Lichtmess ist ein Tag mit einer langen Tradition

Das Fest der »Darstellung des Herrn« oder Mariä Lichtmess (früher auch: Mariä Reinigung) wird 40 Tage nach Heilig Abend als Abschluss der weihnachtlichen Feste gefeiert. Der früher gebräuchliche Name Mariä Reinigung erinnert an den jüdischen Brauch, auf den sich das Fest bezieht: Nach jüdischer Vorschrift galt die Frau nach der Geburt eines Knaben 40 Tage als unrein. Als Reinigungsopfer hatte sie dem Priester wahlweise eine oder zwei Tauben oder in besonderen Fällen ein Schaf zu übergeben.

Der historische Ursprung dieses Brauchs liegt in einer heidnischen Sühneprozession, die alle fünf Jahre in Rom abgehalten und nun mit diesem Fest ins Christentum übernommen wurde, deshalb stand die Kerzenweihe und Lichterprozession im Mittelpunkt und wird das Fest auch Mariä Lichtmess genannt. Das kirchliche Fest ist im 5. Jahrhundert in Jerusalem als Nebenfest von Christi Geburt bezeugt, wurde im 7. Jahrhundert in Rom eingeführt und anfangs am 14. Februar gefeiert. Nachdem das Geburtsfest Christi aber auch im Osten auf den 25. Dezember vorverlegt wurde, fiel auch das Fest der Darstellung des Herrn auf ein früheres Datum, den 2. Februar. Traditionell heißt es, dass ab dem 2. Februar wieder bei Tageslicht zu Abend gegessen werden kann.
Daher heißt ein Spruch bei uns:

>*»Mariä Lichtmess,*
>*wonn de Härrn bei Döh ess',*
>*de Bube ban se konn,*
>*on de Orme ban se ebbes honn.«*

Lichtmess ist auch der Beginn des sogenannten »Bauernjahres«, an dem die Arbeit der Bauern nach der Winterpause wieder aufgenommen wurde. An diesem Tag endete das Dienstbotenjahr und man wechselte oft den Dienstherren. Der 3. Februar wurde noch angehängt, das war der »Nachdiensttag«. Dieser Tag musste zusätzlich gearbeitet werden, als Entschädigung für das zu Bruch gegangene Geschirr im Laufe des Jahres. Am 4. Februar war der Scherztag. Da wurden keine Scherze gemacht, sondern man zog um, denn »Scherzen« heißt soviel wie umziehen.

*Lichtmess in Oberkatz*

## Für Zwischendurch

Um Mariä Lichtmess ist in verschiedenen Gegenden ebenfalls eine sogenannte »lange Nacht« gefeiert worden, diese feierten vor allem die Spinnstuben in der Rhön mit Verkleidung und Ausgelassenheit. Die besondere Ausgelassenheit, die sich in Tanz, reichlichem Essen und Trinken, nächtlichem Umherschwärmen in Verkleidungen sowie Neckereien und Streichen auslebte, war ihr charakteristisches Merkmal.

Heute wird noch in einigen Dörfern, wie Neidhartshausen, Brunnhartshausen, Empfertshausen, Oberkatz und anderen das Lichtmessfest gefeiert.

*Die Amtslinde auf dem Schlosshof in Kaltennordheim*

*Schlosshof mit Eingangstor in Kaltennordheim*

Nudelgerichte

## Dicke Nudeln

| | |
|---|---|
| 500 g selbst gemachte Breite Nudeln (Rezept Seite 117) Salzwasser | in kochendem garen. |
| 2 – 3 EL Öl | in einer Pfanne erhitzen und die gut abgetropften Nudeln hineingeben. Die Unterseite der Nudelmasse schön braun werden lassen und dann die Nudelmasse mit Hilfe des Pfannendeckels wenden. Wenn beide Seiten schön knusprig sind, ist das Gericht fertig. |

*Man serviert dazu gebratene Rippchen oder einen knackigen Salat.*

## Schinkennudeln

| | |
|---|---|
| 500 g selbst gemachte Breite Nudeln (Rezept Seite 117) Salzwasser | in etwa 15 Minuten kochen. Die Nudeln gut abseihen, abschwemmen und abtropfen lassen. |
| 250 g Schinken | in kleine Würfel schneiden und in der Pfanne anbraten. |
| 1 EL Fett | dazugeben und die Nudeln in die Pfanne geben. Je nach Geschmack kann noch gewürzt werden. |

*Dazu schmeckt ein Kaltennordheimer Urtyp.*

*Erlebnisbergwerk Merkers*

Nudelgerichte

# Rhöner Spatzenklöß mit Rhöner Spatzensoße

*Von Brigitte Vorndran, Dorndorf*

| | |
|---|---|
| 5 Brötchen (vom Vortag) | in Scheiben schneiden, |
| 500 ml Milch | erhitzen und heiß über die Brötchen gießen, kurz ziehen lassen. |
| 5 Eier | und |
| 250 g Mehl | in die Masse einarbeiten. |
| 50 g Brotwürfel | in einer Pfanne rösten und vorsichtig unterarbeiten. Für die Spatzen aus der Masse jeweils einen Esslöffel voll abstechen, in leicht gesalzenes, siedendes Wasser geben und 15 Minuten ziehen lassen. |

### Die Spatzensoße

| | |
|---|---|
| 1 Stange Lauch | in Streifen schneiden und |
| 8 Champignons | in Scheiben schneiden, beides in einer Pfanne mit |
| 50 g Butter | anschwitzen. |
| 5 Äpfel | schälen und achteln, dazugeben und kurz andünsten. Mit |
| 300 ml Rahmsoße | übergießen und mit |
| Salz, Pfeffer | |
| Muskatnuss | abschmecken. |

### Die Fertigstellung

| | |
|---|---|
| Butterschmalz | in einer Pfanne erhitzen, die Spatzenklöße darin anbraten und mit der Spatzensoße übergießen. Zum Schluss alles mit |
| 12 Scheiben Käse | belegen und überbacken. |

*Rasenmäher der Rhönhutungen*

# Bärlauch-Frühlingsnudeln

| | |
|---:|:---|
| 3 Eier | mit einem Schneebesen aufschlagen, und mit |
| 3 EL Wasser | |
| 1 Prise Salz | und |
| 600 g Mehl | in einer Schüssel verkneten, bis der Teig eine gute Bindung erhalten hat. Den Teig auf einem Küchenbrett mit etwas Mehl, etwa 2 bis 3 mm dick ausrollen und danach etwa 3 Stunden trocknen lassen. Den Teig dann in etwa 1 cm breite Streifen schneiden. Die Nudeln in |
| Salzwasser | geben und rund 7 Minuten bissfest kochen. Danach das heiße Wasser abschütten und kurz mit kaltem Wasser übergießen, abtropfen lassen. |
| 1 Bund Bärlauch | in Streifen schneiden. Die Nudeln in einer Pfanne mit |
| 50 g Butter | erhitzen. Bärlauch und |
| 80 ml Kochsahne | zugeben. |
| Petersilie (frisch) | und |
| Schnittlauch | hinzufügen. Mit etwas |
| Muskatnuss (gerieben) | würzen und mit |
| Salz, Pfeffer | abschmecken. |

*Mit geriebenem Rhöner Hartkäse bestreuen und servieren.*

*Herrliche Eingangsbemalung des Kindergartens Helmershausen*

# Nudelgerichte

## Rhöner Nudeltopf mit Geflügelleber

*Von Helga Markert aus Kaltensundheim*

| | |
|---|---|
| 300 g kurze Eiernudeln | in Wasser mit |
| 1 Prise Salz | bissfest kochen, abschütten und mit kaltem Wasser abschrecken, abtropfen lassen und warm stellen. |
| 400 g Geflügelleber | wässern, trocken tupfen, in Scheiben schneiden. |
| Je 1 TL Majoran, Thymian, Salbei (gerebelt) | zur Leber geben und mit |
| Portwein | beträufeln. Das Ganze 15 Minuten im Kühlschrank ziehen lassen. Die Leber herausnehmen und mit |
| Salz, Pfeffer | würzen. In einer Pfanne in etwa |
| 100 g Schmalz | braten. Anschließend |
| 2 mittelgroße Zwiebeln | klein hacken und in dem restlichen Schmalz glasig ziehen lassen. |
| 400 g Zucchini | vom Kerngehäuse befreien, in schmale Stückchen schneiden und mit den Zwiebeln unter ständigem Rühren dünsten. Mit |
| 50 ml Weißwein (trocken) | und dem Saft von |
| 1 Zitrone | ablöschen und mit |
| 150 ml Gemüsebrühe | auffüllen, aufkochen lassen. |
| 250 g Tomatenmark | hinzugeben und mit den Nudeln und den Zucchini in einem Topf erhitzen. Die Leber dazugeben und bei leichter Hitze alles ziehen lassen, nochmals abschmecken. Mit |
| Petersilie | garnieren und servieren. |

*Schloss in Dermbach*

Käsegerichte

## Gebackene Käsescheiben

| | |
|---:|:---|
| 2 EL Tomatenmark | mit |
| 2 EL Mehl | und |
| 1 Ei | verrühren. |
| 4 Scheiben Schnittkäse | von beiden Seiten mit der Tomatenmasse bestreichen und in |
| Semmelbrösel | wenden. In heißem |
| Bratenfett | goldbraun braten. |

## Käsepuffer

| | |
|---:|:---|
| 40 g Margarine | schaumig schlagen und mit |
| 4 Ecken Schmelzkäse | verrühren. |
| 10 – 12 große Kartoffeln | reiben und |
| 2 Eier | unterschlagen. Kräftig mit |
| Salz, Kümmel | abschmecken. |
| 200 g Bratfett | erhitzen und die Puffer portionsweise darin braten. |

*Die Wacholderwiese am Grimmelsbach*

*Die alte Dorfschule von Georgenzell*

Käsegerichte

# Kochkäse

*Von Jutta Zedlack aus Breitungen*

| | |
|---|---|
| 6 l frische Milch | zu Dickmilch werden lassen: dazu am besten auf dem Schrank in der Küche etwa 2 Tage stehen lassen. Anschließend entrahmen und die Dickmilch in Heizungsnähe einen weiteren Tag stehen lassen. Die Molke durch ein Tuch abgießen und über Nacht abtropfen lassen. Den Klumpen am anderen Tag in einen Steinguttopf reiben und mit einem Tuch und einem Teller abdecken. Nun bei Zimmertemperatur etwa 6 Tage reifen lassen und dabei täglich einmal umrühren (bis zur gelblichen Färbung). |
| Butter | in einem Topf auslassen und die Käsemasse unter ständigem Umrühren etwa 8 Minuten kochen. |
| Salz | und |
| Kümmel | nach eigenem Geschmack hinzugeben. Die Masse sollte schön sämig, aber nicht zu dünn sein. Zum Schluss den noch heißen Kochkäse in einen Steinguttopf schütten und kühl stellen. |

*Falls der Kochkäse zu dick ist, kann man ihn mit etwas Milch verlängern.*

*Die Toreinfahrt zum Schloss Sinnershausen*

— Für Zwischendurch —

## Auf Goethes Spuren in der Rhön

Der Dichterfürst Johann Wolfgang von Goethe hielt sich in seinen ersten Jahren am Weimarer Hof wiederholt in Kaltennordheim auf. Im September des Jahres 1780 besuchte er erstmals die Kleinstadt im oberen Feldatal, am Osthang der Rhön. Der Herzog von Sachsen-Weimar-Eisenach, Carl August (1757 bis 1828), inspizierte damals seine Besitztümer, die bis in die Thüringer Rhön und nach Untenfranken (Ostheim) hineinreichten. Goethe reiste im Gefolge von Herzog Carl August. Der 33-jährige Goethe war damals als Geheimer Rat Mitglied der obersten Regierungsbehörde des Landes, dem Consilium. Er leitete außerdem Wegekommission, die Kriegskommission und die Bergwerkskommission. Zu den Aufgaben Goethes gehörten die geologischen Erkundungen des Landes, die Besichtigungen von Anlagen zur Wiesenentwässerung und die Verhandlungen mit der herzoglichen Regierung in Meiningen.

Die Reise Goethes, zu Pferd und stets an der Seite seines Landesherrn, führte von Weimar bis ins Weimarer Oberland, wie man das herzogliche Gebiet der Rhön nannte. Die Reiseroute führte über Ilmenau, Stützerbach, Schmalkalden, Zillbach, Kaltennordheim, Ostheim v.d. Rhön nach Meiningen. In Kaltennordheim war ein mehrtägiger Aufenthalt vorgesehen. Das Rhönstädtchen war damals Zentrum eines Amtsbezirkes in Sachsen-Weimar-Eisenach, in welchem es eine Justiz- und Steuerbehörde gab. In der Stadt lebten um diese Zeit etwa 1500 Einwohner. Am 13. September 1780, um die Mittagszeit, trafen der Herzog Carl-August, Goethe, Oberstallmeister von Stein (Gemahl der Charlotte von Stein), Oberforstmeister von Arnswalden und andere Beamte in Kaltennordheim ein. Sie wohnten im neuen Schloss, dem damaligen Amtshaus, das 1752 bis 1754 auf den Ringmauern des alten Schlosses (Merlinsburg) erbaut wurde. Nahezu täglich schrieb Goethe seiner verehrten Brieffreundin Charlotte von Stein einen Brief, in dem er ihr schilderte, wie die Reisenden ihre Rhöner Abende verbrachten. Auf der Weiterreise nach Melpers logierte die Geselllschaft im damaligen Gasthaus »Zum weissen Falken«, dem heutigen Landgasthof »Zur Guten Quelle« in Kaltensundheim. In einer Dauerausstellung, »Auf Goethes Spuren durch die Rhön« im historischen Nebengebäude des Gasthauses, zusammengetragen vom Heimat- und Geschichtsverein »Merlins« aus Kaltennordheim und der Familie Möllerhenn, werden die Reisestationen, ein Logiezimmer und viel Wissenswertes aus der damaligen Zeit gezeigt.

*So kuschelt sich Fischbach in das Sommertal.*

## Für Zwischendurch

Am Abend des 14. September 1780 berichtete Goethe erneut Charlotte von Stein, dass er ein ausführliches Gespräch mit dem Engländer George Batty hatte, der als Landkommissar im Eisenacher Amte wirkte. Nach den Plänen von Batty entstanden Bewässerungsanlagen in Melpers und Ostheim v.d. Rhön. Der Herzog und Goethe besuchten die Anlagen in Melpers und waren zufrieden über die einfachen und funktionstüchtigen Bauten.

Von Melpers nach Kaltennordheim zurückgekehrt, erwarteten Goethe Gespräche mit dem Geheimen Rat Hieronymus Heinrich von Hinckeldey. Er galt als Kenner der Rechte und der Gedankenaustausch mit ihm diente der Vorbereitung auf die Verhandlungen mit der herzoglichen Regierung in Meiningen. Zwischen Sachsen-Meiningen und Sachsen-Weimar-Eisenach gab es seit langem einen Streit um die uralten Holzrechte der Meininger Untertanen in den Zillbacher Forsten. Goethe hatte den Auftrag, Verhandlungen zur Lösung dieser Konflikte einzuleiten. Über Goethes Aufenthalt an den anderen Tagen ist nur wenig bekannt. Sicher ist, dass er die Stadt näher in Augenschein nahm und »eine leidige Scizze unsres leidigen Aufenthalts« anfertigte. Am 18. September 1780 haben Herzog Carl August und sein Gefolge Kaltennordheim wieder verlassen.

Im April 1782 besuchte Goethe erneut Kaltennordheim. Sein Aufenthalt war nur kurz. Er nahm an der Musterung der Rekruten teil. Am nächsten Tag ritt er nach Ostheim v.d. Rhön weiter, ebenfalls zur Musterung. In Ostheim erreichte Goethe die von Herzog Carl August beantragte Erhebung in den Adelsstand durch Kaiser Joseph II. Seine zweite Rhönreise führte ihn über Meiningen zurück nach Weimar.

*In der Goetheausstellung am Landgasthof »Zur Guten Quelle« in Kaltensundheim kann man sich informieren.*

## Käsegerichte

# Käsestrudel

*Von Sandra Sauerbrey aus Breitungen*

| | |
|---:|:---|
| 250 g Käse | mit |
| 1 Tasse Milch (heiß) | überbrühen und glatt rühren. Anschließend |
| 4 Eier | |
| 250 ml süße Sahne | und etwas |
| Salz | hinzugeben. Zum Schluss |
| 375 g Mehl | beifügen. Mit einem Löffel kleine Klößchen abstechen und in siedendem |
| Fett | ausbacken. |

*Man bestreut die Klößchen mit Zucker und Zimt oder isst sie pikant zu grünem Salat.*

*Zwei prächtige Zuchttiere: Agrarbetrieb Lindig*

*Die Fliegerschule ist ein markantes Fachwerkgebäude in der Mitte von Mittelsdorf.*

Käsegerichte

# Käsepfanne

| | |
|---:|---|
| 250 g Weißbrot | in Würfel schneiden, mit |
| 200 g Käse (gerieben) | und |
| Salz, Paprikapulver | vermengen. |
| 250 ml Milch | erhitzen und über das Weißbrot gießen. |
| 1 Zwiebel | fein schneiden und in |
| 40 g Margarine | dünsten. |
| 150 g Schinken | würfeln und zu der Weißbrotmasse geben. Die Masse zu den Zwiebeln geben und unter mehrfachem Umrühren auf kleiner Flamme goldbraun braten. |

# Kartoffel-Käsepfanne

| | |
|---:|---|
| 1 kg Kartoffeln | schälen, reiben, mit |
| 2 Eier | |
| Salz, Pfeffer | und |
| Kümmel | vermengen. Anschließend |
| 200 g geriebener Käse | zufügen. Eine feuerfeste Form mit Margarine einfetten, die Masse einfüllen und bei mittlerer Hitze etwa 45 Minuten backen. Mit |
| Butter | beträufeln und servieren. |

*Der Blick vom Katzenstein auf das Schnitzerdorf Empfertshausen*

Süßspeisen und Desserts

# Flambierte Sauerkirschen

| | |
|---:|:---|
| 500 ml Sauerkirschen | abtropfen lassen und entsteinen. In der Flambierpfanne |
| 20 g Butter | erhitzen, |
| 2 EL Zucker | dazugeben und karamellisieren. Die Sauerkirschen zugeben, umrühren bis sie erhitzt sind. |
| 2 cl Weinbrand | und |
| 4 cl Kirschwasser | zugeben. Anschließend flambieren. |

*Dazu isst man Vanilleeis.*

*Am Umpfen über Fischbach wurde bis 1975 Basalt abgebaut.*

*Leckerer Nachtisch*

Süßspeisen und Desserts

# Birnen mit Kirschfüllung

| | |
|---:|:---|
| 4 große Birnen | schälen, halbieren und entkernen. Eine Auflaufform mit |
| 30 g Butter | einfetten und die Birnen hineinlegen. |
| Zitronensaft | und |
| 100 ml Weißwein | darübergeben. Abgedeckt im Ofen bei 140 °C Umluft etwa 15 Minuten weich werden lassen. |
| 100 g entsteinte Sauerkirschen | mit |
| 50 g Sauerkirschkonfitüre | mischen. Die Birnen damit füllen. Mit |
| Zucker, Zimt | bestreuen und noch heiß servieren. |

# Erdbeerauflauf

| | |
|---:|:---|
| 500 ml Buttermilch | und |
| 6 TL Zucker | |
| 6 EL Mehl | mit |
| ½ Pck. Backpulver | und |
| 2 Eier | gut verquirlen. Anschließend in eine gefettete, feuerfeste Form geben. |
| frische Erdbeeren | auf der rohen Masse verteilen und etwa 45 Minuten bei mittlerer Hitze backen. Nach dem Backen den Auflauf mit |
| Zucker | bestreuen. |

*Anstatt Erbeeren kann man auch anderes Obst verwenden.*

*Die schönen Barockaltäre der katholischen Kirche von Dermbach stehen unter hohem Kreuzgewölbe.*

Süßspeisen und Desserts

## Erdbeereis

| | |
|---:|---|
| 250 ml Erdbeerfruchtmark | mit |
| 75 g Zucker | verrühren. |
| 4 Bittermandeln | abziehen, reiben und zu dem Fruchtmark geben. Nochmals gut durchrühren. |
| 250 ml süße Sahne | steif schlagen und unter die Fruchtmasse heben. Zum Schluss in ein Gefäß geben und gefrieren lassen. |

## Gefüllte Äpfel

| | |
|---:|---|
| 600 g Äpfel | aushöhlen und mit |
| 40 g Zucker | |
| 15 g Vanillinzucker | und |
| 80 g Rosinen | |
| 60 g Johannisbeergelee | füllen. |
| 4 cl Rum | darüber verteilen und die gefüllten Äpfel in der Röhre garen. Es empfiehlt sich, die Äpfel vorher in Folie zu wickeln. Sie müssen noch bissfest sein. |

## Himbeerschaum

| | |
|---:|---|
| 125 ml Himbeersaft | |
| 1 Prise Salz | und |
| 3 Eier | mit dem Schneebesen im heißen Wasserbad schlagen, aber nicht kochen lassen. Die schaumige Creme in Gläser füllen. |

*Die Schäfergemeinschaft und ihr Nachwuchs*

Süßspeisen und Desserts

# Grießpudding

| | |
|---:|:---|
| 375 ml Milch | mit etwas |
| Salz | |
| 50 g Zucker | und abgeriebener |
| Zitronenschale | aufkochen, vom Feuer nehmen. |
| 60 g Grieß | in |
| 125 ml Milch | anquirlen und sofort in die aufgekochte Milch geben. Bei geringer Hitze ausquellen lassen. Mehrfach umrühren. In kalt ausgespülte Formen geben und erkalten lassen. |

*Dazu isst man Kompott oder Fruchtsoße.*

*Wanderschilder am Rhön-Rennsteig-Weg*

*Fasanerie bei Hermannsfeld*

# Die thüringische Rhön

Die thüringische Rhön, ein Trias-Basalt-Kuppen-Bergland, liegt im äußersten Südwesten des Freistaates Thüringen. Sie umfasst Teile der Landkreise Schmalkalden-Meiningen und Wartburgkreis und wird folgendermaßen umgrenzt: im Westen durch die hessische Landesgrenze, im Osten und Norden durch den Werrabogen von Meiningen bis Vacha, im Süden bei engerer Darstellung durch das Tal der Herpf, bei weitester Auffassung durch die gedachte Linie Untermaßfeld-Henneberg.

Entsprechend den naturräumlichen Eigenheiten lässt sich das Gebiet in vier Teilräume gliedern:

1. Die Hohe Rhön, welche im Südwesten von der »Langen Rhön« (in Bayern) her in einem schmalen Streifen mit dem Ellenbogen (813 Meter) auf die thüringische Seite der Rhön übergreift.

2. Die reich gegliederte nördliche Vorderrhön, welche auch die »Kuppige Rhön« genannt wird. Den abwechslungsreichen Landschaftscharakter dieses Teilgebietes prägen 600 bis 700 Meter hohe Basaltkegel, die meist steil aus dem Buntsandstein- und Muschelkalk Hügelland herausragen. Die Basaltplateaus Hohe Geba (751 Meter) und Hahnbergrücken (659 Meter) gleichen in erdgeschichtlicher Hinsicht wie in botanischen Grundzügen der Hohen Rhön, nehmen also eine besondere Stellung ein.

*Kreismühle von Oberweid*

*Erbenhausen von der Alten Mark aus gesehen*

3. Das Buntsandstein-Vorland (Werrabergland) ist den Basaltbergen (Hohe Geba, Hahnrücken, Stoffelskuppe und Pleß) im Osten unmittelbar bis zur Werra vorgelagert. Die anmutigen Wiesentäler verleihen dieser waldreichen und stark reliefiartig Hügellandschaft echte Mittelgebirgszüge.

4. Teile der Meininger Muschelkalktafel mit dem markanten Dreißigackerer Plateau und dem Stillberg schließen sich im Südosten jenseits des Herpftales an.

Die ursprüngliche Vegetation der Rhön ist der Laubwald. Durch das Einwirken des Menschen wurde er im Laufe der Jahrhunderte zugunsten landwirtschaftlicher Nutzflächen zurückgedrängt. Im gegenwärtigen Landschaftsbild sind nur noch die zahlreichen Basaltkuppen, Plattenberge, Kalkplateaus und Muschelkalk-Steilhänge mit ausgedehnten und artenreichen Laubwaldungen bestanden, während in niederen Gebietsteilen und Tälern landwirtschaftlich genutzte Flächen überwiegen. Vielfach sind an die Stelle einstiger Laubwaldungen Fichten- und Kiefernforsten getreten, die besonders im Buntsandstein-Vorland das heutige Waldbild mitbestimmen. Auf dem wasserdurchlässigen und sich leicht erwärmenden Muschelkalk haben sich in Südlage, namentlich im Meininger Muschelkalkgebiet, im Geisaer Raum sowie im Feldatal, prächtige Steppenheiden und Heidewälder entwickelt. Matten, Bergwiesen und Schafhutungen sind landschaftstypische Besonderheiten der Hohen und Kuppigen Rhön.

*Herbstzeitlose am Grimmelsbach*

*Erholung pur am Schönsee bei Urnshausen*

— Süßspeisen und Desserts —

# Joghurtkaltschale

| | |
|---:|:---|
| 400 g entsteinte Pflaumen | klein schneiden und in Suppenteller legen. |
| 200 g Joghurt | und |
| Fruchtsirup | nach Geschmack mit |
| 1 TL Zimt | gut verrühren und über die Früchte geben. Mit |
| 8 EL Knusperflocken | bestreuen. |

*Man kann auch anderes Obst verwenden.*

*Grenzwanderung auf dem Plattenweg in Frankenheim*

*Thüringenmeister bei den Modellfliegern*

Süßspeisen und Desserts

# Kalter Hund

*Von Jutta Zedlack aus Breitungen*

| | |
|---:|:---|
| 250 g Kokosfett | schmelzen und abkühlen lassen. |
| 2 Eier | mit |
| 250 g Zucker | schaumig rühren |
| 50 – 75 g Kakao | |
| 1 EL Rum | und |
| 1 EL gemahlener Kaffee | sowie etwas |
| Salz | nach und nach zu der Zucker-Eimasse geben und das abgekühlte Kokosfett unterrühren. Eine kleine Kastenform mit Pergamentpapier auslegen. Nun abwechselnd eine Schicht |
| 1 Pck. Butterkekse | einlegen und darauf eine Schicht von der Füllung geben. So fortfahren, bis die Form gefüllt, bzw. die Masse verbraucht ist. Alles erkalten lassen, anschließend stürzen und in Scheiben schneiden. |

# Rhöner Pflaumenmus

| | |
|---:|:---|
| 5 kg Zwetschen | waschen und entkernen. In eine Pfanne geben und auf die unterste Schiene des Backofens stellen. Nun 1 Stunde bei 200 °C, anschließend 1 Stunde bei 150 °C einköcheln lassen. Mit dem Pürierstab die Zwetschen zerkleinern und unter gelegentlichem Rühren 1 bis 2 Stunden einkochen lassen. Das fertige Mus in heiße Gläser füllen und luftdicht verschließen. |

*Mohnfeld in der Hochrhön*

## Süßspeisen und Desserts

## Rote Grütze

| | |
|---|---|
| 500 ml roter Fruchtsaft | davon 125 ml abnehmen. Den Rest mit |
| 50 g Zucker | und |
| 1 Prise Salz | aufkochen. Die 125 ml Saft mit |
| 50 g Stärkemehl | anrühren, zu dem erhitzten Saft geben und mehrfach aufkochen lassen. In kalt ausgespülte Formen gießen und kalt werden lassen. Nach dem Erkalten stürzen, mit |
| Früchte | und |
| Mandeln | garnieren. |

## Weinäpfel mit Vanillesoße

| | |
|---|---|
| 500 g Äpfel | schälen, vom Kerngehäuse befreien, halbieren und mit |
| 250 ml Weißwein | |
| 1 Zitrone | und |
| 50 g Zucker | kurz aufkochen lassen. Dann |
| 250 ml Milch | |
| 50 g Zucker | und |
| 1 Pck. Vanillesoßenpulver | nach Anweisung zu einer sämigen Soße verarbeiten und kalt stellen. Vor dem Servieren die Soße über die Äpfel geben. |

*Feuerwehrfest am 1. Mai in Kaltensundheim*

## Süßspeisen und Desserts

# Rotweingelee

| | |
|---:|:---|
| 375 ml Rotwein | mit |
| 100 g Zucker | erhitzen, bis sich der Zucker aufgelöst hat. In der Zwischenzeit |
| 125 ml Kirschsaft | mit |
| Zitronenschale (abgerieben) | |
| 1 Stück Zimtrinde | und |
| 1 Nelke | aufkochen. |
| 20 g Gelatine | in kaltem Wasser einweichen und durch ein Haarsieb zu dem Rotwein geben. In eine kalt ausgespülte Schüssel füllen und kalt stellen. |

*Dazu reicht man Vanillesoße. Statt Rotwein und Kirschsaft können auch Weißwein und heller Saft verwendet werden.*

Schloss Sinnerhausen: heute Sitz der Landesjugendfeuerwehr

*Hoffest des Biohofes Kaltensundheim*

Für Zwischendurch

## Streuobstwiesen

Die Streuobstwiese, auch Obstwiese genannt, ist die ursprüngliche und traditionelle Form des Obstbaus. Streuobstwiesen sind Anpflanzungen hochstämmiger Obstbäume mit großen Baumkronen. Die Obstbäume sind meist locker über die Fläche verstreut und es befinden sich auch in der Regel verschiedene Obstbaumarten in einer großen Sortenauswahl auf einer Streuobstwiese.

Der Obstanbau, dessen Anfänge sich in Deutschland viele Jahrhunderte zurückverfolgen lassen, wurde zunächst in der Nähe von Grundstücken betrieben. Später legte man dann rund um die Dörfer solche Streuobstwiesen an. Die Streuobstwiesen wurden als landwirtschaftliche Fläche mehrfach genutzt. Sie dienten zum einem der Obstgewinnung und zum anderen wurden sie als Weidefläche für das Vieh genutzt. Als Mähwiese zur Heugewinnung, teilweise für die Imkerei und auch als Nutzgarten hatten sie seit jeher eine große Bedeutung.

Die Streuobstwiesen haben in Abhängigkeit von den Obstsorten etwa eine Baumdichte von 60 bis 100 Bäumen je Hektar. Im Vergleich sind in einer Obstplantage 3000 Bäume pro Hektar üblich. Die Streuobstwiesen sind wesentlich artenreicher, denn die Kronenschicht der Obstbäume und die aus Gräsern und Kräutern bestehende Krautschicht bieten Vögeln und Gliederfüßlern einen wichtigen Lebensraum.

Für die Streuobstwiesen eignen sich nur veredelte und robuste Hochstamm-Sorten. Die meisten Obstsorten sind regionale Züchtungen, die sich dem rauhen Klima der Rhön anpassen mussten. So sind Sorten wie der Seebaer Borsdorfer nur lokal begrenzt vorhanden und bekannt. Diese Sorte entstand um 1870 in Seeba bei Meiningen. So reichhaltig wie die Sortenvielfalt ist auch das Spektrum ihrer Reife und ihrer Nutzung. So reift der aus Lettland stammende Klarapfel, der klassische Musapfel, bereits Anfang August. Die Rote Sternrenette, ein klassischer Weihnachtsapfel, sollte hingegen erst Anfang Oktober gepflückt werden.

Heute versucht der Landschaftspflegeverband »BR Thüringische Rhön« e.V. mit Sitz in Kaltensundheim die noch bestehenden Obstwiesen und die spezielle Rhöner Sortenvielfalt durch entsprechende Pflege und dafür geeignete Fördermaßnahmen zu erhalten.

*Streuobstwiesen bei Dürrensolz*

## Süßspeisen und Desserts

# Zerissene Hosen

| | |
|---:|---|
| 3 – 4 Eier | und |
| 1 EL Zucker | mit |
| 2 – 3 EL süße Sahne | |
| 1 Pck. Vanillezucker | verrühren. Nach und nach so viel |
| 250 g Mehl | dazugeben, bis der Teig beim Kneten nicht mehr an den Händen klebt. Kleine Kugeln formen, dünn ausrollen und kleine Schlitze hineinschneiden. In einem Topf mit heißem |
| Öl | die zerrissenen Hosen goldgelb backen. Nach dem Erkalten mit |
| Puderzucker | bestreuen. |

*Lindenplatz von Herrenbreitungen*

*Aufgang zur Wehrkirche Kaltensundheim*

Kuchen und Torten

# Berg und Tal-Kuchen

| | |
|---:|---|
| 6 Eigelb | und |
| 6 EL Öl | mit |
| 6 EL Mehl | |
| 6 EL Schnaps | verrühren. Den Teig auf ein eingefettetes Blech streichen und bei 225 °C im Ofen goldgelb backen. Nach dem Backen den Kuchen mit |
| Butter (zerlassen) | übergießen und mit |
| Puderzucker | bestreuen. |

# Kirschenmichel

*Von Hanna Metz aus Unterbreizbach*

| | |
|---:|---|
| 10 Brötchen (vom Vortag) | würfeln und in |
| 375 ml Milch | 20 Minuten einweichen. |
| 5 Eier | verquirlen und untermengen. Eine große Auflaufform mit |
| 30 g Butter | ausstreichen und den Teig einfüllen. |
| 250 g Sauerkirschen | und |
| 250 g Süßkirschen | in der Auflaufform verteilen. Im vorgeheizten Ofen bei mittlerer Hitze etwa 30 Minuten goldgelb backen. |
| 80 g Zucker | und |
| 20 g Zimt | mischen und darüberstreuen. |

*Wie ein Schwalbennest liegt Föhlritz am Gläserberg.*

Kuchen und Torten

# Linsenkuller

*Von Sandra Sauerbrey aus Breitungen*

| | |
|---:|---|
| 70 g Butter | |
| 70 g Schmalz | und |
| 2 Eigelb | vermengen. |
| 120 g Zucker | |
| 25 g Semmelmehl | und |
| 180 g Mehl | nach und nach zugeben. Den Teig zu einzelnen Kugeln formen und mit dem Daumen Vertiefungen eindrücken. In die Vertiefungen |
| rote Marmelade | geben und 20 Minuten bei 180 °C backen. |

*Ehemaliges Backhaus von Dermbach*

*Kirche und Kriegerdenkmal von Empfertshausen*

— Kuchen und Torten —

# Eierringelchen

*Von Jutta Zedlack aus Breitungen*

| | |
|---:|---|
| 305 g Mehl | |
| 205 g Zucker | und |
| 3 Eigelb (von hartgekochten Eiern) | mit |
| 1 Ei (roh) | |
| Zitrone | und |
| Zimt | zu einem Teig verarbeiten. Kleine Ringelchen oder Kränze formen, mit |
| Eiweiß | bestreichen, mit |
| Zucker | bestreuen und bei mittlerer Hitze goldgelb backen. |

*Wegweiser für den Hochrhöner*

*Backhausfest in Wohlmuthausen: die Landfrauen bei der Vorbereitung*

# Hummelkuchen

### Der Teig

| | |
|---:|---|
| 300 g Mehl | |
| 350 g Zucker | |
| 250 g Fett | und |
| 6 Eier | mit |
| 1 Pck. Backpulver | |
| 1 Pck. Vanillezucker | |
| 1 Prise Salz | und |
| 6 EL süße Sahne | zu einem Rührteig verarbeiten. Den Teig auf ein eingefettetes Blech streichen und 15 Minuten bei 200 °C vorbacken. |

### Der Belag

| | |
|---:|---|
| 300 g Butter | |
| 300 g Zucker | und |
| 300 g gehackte Mandeln | |
| 70 g Mehl | und |
| 4 EL süße Sahne | unter ständigem Rühren kurz aufkochen und auf den vorgebackenen Kuchen streichen. Bei 200 °C etwa 10 bis 15 Minuten fertig backen. |

*Auch die Männer in Mittelsdorf haben Spaß am Backofen.*

Für Zwischendurch

# Taubenmarkt in Dermbach/Rhön

Dermbach ist der zentrale Ort im mittleren reizvollen Feldatal und hat etwa 3500 Einwohner. Zur Verwaltungsgemeinschaft Dermbach gehören noch die dörflich geprägten Orte Brunnhartshausen mit Föhlritz und Steinberg, Neidhartshausen, Oechsen mit Lenders, Urnshausen mit Bernshausen, Weilar, Wiesenthal und Zella. Aufgrund der zahlreichen Naturschutzgebiete finden in dieser Region besonders Naturliebhaber Entspannung.

Der Ort Dermbach hat 1716 das Marktrecht von Fürstabt Adalbert von Schleiffras verliehen bekommen. Damit erhielt das Dorf das Recht vierteljährlich Viehmärkte abzuhalten. Dieses Markttreiben übte eine große Anziehungskraft auf die Bewohner der Nachbarorte aus, sodass auf dem Marktplatz und in der Dorfstraße überall hölzerne Buden aufgestellt wurden. Hier wurden Gegenstände des täglichen Lebens gehandelt und verkauft, wie Stoffe, Schürzen, Kopf- und Umschlagtücher, Näh- und Strickwaren, Schuhe, Glas, Porzellan, aber auch Spielsachen und Lebkuchen. Auf den Viehmärkten wurde manches Geschäft mit einem »Kännchen« Nordhäuser (Schnaps) abgeschlossen.

Die Wirren des Zweiten Weltkrieges brachten diese Markttradition zum Erliegen. Ein Dermbacher Original, »Chinafritz«, belebte als großer Taubenfreund den Taubenmarkt von Dermbach wieder. Der Chinafritz, der mit bürgerlichem Namen Friedrich Denner hieß, hatte als junger Mann freiwillig beim Boxeraufstand in China teilgenommen und war unversehrt in sein Heimatdorf zurückgekehrt, wo er als Viehzüchter auf vielen Viehmärkten ein geachteter Fachmann war. Seine Begeisterung für die Tauben war so groß, dass er selbst bei größtem Schneegestöber zu Fuß bis nach Geisa zum Markt ging.

Der Taubenmarkt von Dermbach war auch zu DDR-Zeiten für viele Leute aus ganz Südthüringen Ziel, um ein überteuertes Schnäppchen zu machen. Denn inzwischen wurde vom Federvieh bis zum Auto alles gehandelt.

Heute findet der Taubenmarkt jährlich von November bis März am letzten Samstag des Monats statt. Der Markt beginnt wie in früheren Zeiten ab 8 Uhr morgens mit dem Handel von Kleintieren und landwirtschaftlichen Produkten. In der kalten Jahreszeit wird die Volksfeststimmung an den vielen Imbissständen mit Glühwein und Bratwürsten angeheizt.

*Taubenmarkt in Dermbach/Rhön*

Kuchen und Torten

# Eierlikörkuchen mit Schokoboden

### Der Boden

| | |
|---|---|
| 4 Eier | |
| 1½ Tassen Zucker | und |
| 250 g Margarine | schaumig rühren. Anschließend |
| 3 Tassen Mehl | |
| 1 Pck. Vanillezucker | |
| 1 Pck. Backpulver | und |
| 5 EL Kakao | hinzufügen und vermischen. Nach und nach |
| 200 ml Wasser (lauwarm) | unterrühren, bis ein cremiger Teig entstanden ist. Ein Backblech mit Backpapier auslegen und den Teig gleichmäßig darauf verteilen. Im vorgeheizten Backofen bei 180 °C etwa 25 Minuten backen. |

### Die Creme

| | |
|---|---|
| 250 g Butter | mit |
| 150 g Puderzucker | schaumig rühren. Anschließend |
| 2 Eigelb | dazugeben. |
| 150 g Kokosfett (lauwarm) | dazugießen und gut verrühren. |
| 7 Schnapsgläser Eierlikör | zufügen und unterheben. Die Creme gleichmäßig auf dem abgekühlten Boden verteilen und glatt streichen. Mit |
| Schokostreusel | bestreuen. 1 Stunde in den Kühlschrank stellen. |

*Das Forstamt Kaltennordheim feiert Waldfest auf dem Hohen Asch.*

Kuchen und Torten

# Mooskuchen

*Von Jutta Zedlack aus Breitungen*

| | |
|---:|---|
| 250 g Butter | mit |
| 200 g Zucker | |
| 6 Eigelb | und |
| 250 g saure Sahne | |
| 1¼ TL Natron | sowie |
| 330 g Mehl | |
| 4 EL Kakao | zu einem Teig rühren. Den Teig auf ein gefettetes Backblech streichen und im vorgeheizten Backofen bei 150 °C (schwache Mittelhitze) etwa 20 Minuten backen. |

**Der Guss**

| | |
|---:|---|
| 6 Eiweiß | steif schlagen und |
| 6 EL Puderzucker | unterziehen. |
| 200 g Kokosfett | schmelzen, erkalten lassen und unter die Eischneemasse ziehen. Die Masse auf den lauwarmen Kuchen verteilen. Etwas |
| Kaffee | fein mahlen und nach Bedarf auf dem Guss verteilen. |

*Karnevalsauftakt in Kaltennordheim*

Kuchen und Torten

# Rotweinkuchen

*Von Jutta Zedlack aus Breitungen*

| | |
|---:|:---|
| 200 g Butter | mit |
| 200 g Zucker | |
| 4 Eier | |
| 1 Pck. Vanillezucker | und |
| 1 TL Zimt | |
| 1 TL Kakao | schaumig rühren. |
| 250 g Mehl | und |
| 1 Pck. Backpulver | zu der Masse hinzufügen und verrühren. |
| 100 g Schokoladenstreusel | |
| 250 ml Rotwein | dazugeben und gut vermengen. Den Kuchen in einer Kasten- oder Rundform bei 175 °C (E-Herd) oder 160 °C (Heißluft) etwa 60 bis 75 Minuten backen. |
| 200 g Puderzucker | mit etwas |
| Rotwein | vermischen und den noch warmen Kuchen mit dem Guss bestreichen. |

> *Als Wein eignet sich zum Beispiel hervorragend ein Spätburgunder. Vor der Verwendung des Rotweins zuerst ein Glas probieren um einen »Korkschmecker« zu vermeiden.*

*Die Rose der Rhön: die Silberdistel*

*Theatergruppe Wolmuthausen*

Kuchen und Torten

# Zupfkuchen

### Der Teig

| | |
|---:|---|
| 100 g Margarine | erwärmen und mit |
| 200 g Mehl | und |
| 100 g Zucker | verrühren. |
| 1 Ei | |
| 20 g Kakao | untermischen, |
| ½ Pck. Backpulver | dazugeben. |

### Die Füllung

| | |
|---:|---|
| 250 g Butter | erwärmen und mit |
| 500 g Quark | mit |
| 250 g Zucker | |
| 3 Eier | sowie |
| 1 Pck. Vanillezucker | |
| 1 Pck. Vanillepudding | verrühren. |

### Die Streusel

| | |
|---:|---|
| 100 g Margarine | erwärmen und mit |
| 100 g Mehl | |
| 100 g Zucker | und |
| 20 g Kakao | mischen und gut durchkneten. Den Teig auf das Blech auftragen. Danach die Füllung daraufgeben und darüber die Streusel verteilen. Den Kuchen bei mittlerer Hitze (180 °C) 45 Minuten backen. |

*Gospelgesang in der Kaltenwestheimer Kirche*

# Orangentorte

*Von Jutta Zedlack aus Breitungen*

| | |
|---:|:---|
| 4 Eier | trennen, das Eigelb mit |
| 2 TL Orangenschale (abgerieben) | und |
| 200 g Zucker | sahnig rühren. Das Eiweiß steif schlagen und unterziehen. |
| 75 g Stärkemehl | |
| ½ Pck. Backpulver | und |
| 75 g Mehl | nach und nach zugeben. |
| 80 g Butter | schmelzen, abkühlen lassen und unter den Teig ziehen. Den Teig in eine Springform geben. Etwa 25 Minuten bei mäßiger Hitze backen. |
| 5 – 6 mittelgroße Orangen | auspressen und den Saft mit etwas |
| Zucker | erwärmen. In die leicht abgekühlte Torte mit Stricknadeln oder ähnlichem Löcher stechen und den lauwarmen Orangensaft langsam hineingießen. Zum Schluss die Torte mit |
| Puderzucker | bestreuen. |

*Die letzten Sonnenstrahlen werden eingefangen.*

*Das Schillermuseum in Bauerbach*

## Das Gemeindebackhaus

Speziell in den Dörfern gab es Backhäuser, in denen die gesamte Dorfgemeinschaft nach bestimmten Grundsätzen ihr Brot und auch ihren Kuchen backen konnte. An festgelegten Backtagen konnten die Gemeindemitglieder das Backhaus nutzen. Die Reihenfolge am Backtag wurde am Gemeindebackhaus ausgelost und an eine schwarze Tafel angeschrieben. So gab es manchmal Streitigkeiten, weil es immer wieder Bauersfrauen gab, die nachts heimlich die Reihenfolge änderten. Der regelmäßige Backtag stellte ein wichtiges gemeinschaftsförderndes Datum dar. Hier wurden beim Warten auf Brot und Kuchen Neuigkeiten ausgetauscht.

Gründe für die Einrichtung historischer Backhäuser waren, den Bäcker, den eigenen Ofen und Energie zu sparen und die Feuergefahr durch Backen in Einzelhaushalten zu mindern. Geheizt wurde in den historischen Öfen mit Reisig und Holz, das die Dorfgemeinschaft auch gemeinsam im Wald sammelte und zum Dorfbackhaus brachte. Vor dem Einbringen der Backware wurde vorgeheizt. Die entstandene Glut wurde vor dem Beschicken entfernt. Deshalb gehören zu jedem historischen Backhaus ein Glutkratzer, ein Strohwisch und ein Brotschieber. Mit dem Glutkratzer entfernte man die Glut, wenn der Ofen die entsprechende Temperatur hatte, der Strohwisch diente zum Entfernen der Asche und mit dem Brotschieber wurden das Brot und der Kuchen in den Backofen geschossen.

*Backhaus der Reichenhäuser Landfrauen*

*Kontrolle der Sauerteigbrote im Steinbackofen*

## Für Zwischendurch

Wie teilweise die Backhäuser zu touristischen oder dörflich-sozialen Zwecken genutzt werden, kann man an dem ehemaligen Gemeindebackhaus von Kaltensundheim sehen. Es wurde 1704 erbaut, gehörte der Gemeinde und wurde bis 1940 verpachtet. Der Backofen war aus großen Steinen gemauert und wurde vom Flur aus beheizt. Da es in der Backstube ständig warm war, wurde sie auch als Ausnüchterungs- und Arrestzelle genutzt. Im 19. Jahrhundert wurde das Backhaus jährlich an den Meistbietenden verpachtet.

Im 20. Jahrhundert ging man zu einer unkündbaren dreijährigen Pacht über. In den späteren Jahren diente das alte Backhaus als Bürgermeisteramt. Danach wurde die Gemeindebibliothek darin untergebracht. Nach größeren Renovierungsarbeiten wurde neben dem bereits vorhandenen Sport-Traditionszimmer eine Heimatstube eingerichtet. In anderen Dörfern finden jährlich immer noch Backhausfeste statt, wo Brot und regionale Teigwaren wie »Zwiebelsploatz« angeboten werden.

*Backhaus von Brunnhartshausen*

*Das ehemalige Backhaus und jetzige Dorfmuseum Kaltensundheim*

Kuchen und Torten

# Trüffelkuchen

*Von Jutta Zedlack aus Breitungen*

### Der Teig

| | |
|---:|---|
| 250 g Backmargarine | |
| 250 g Zucker | und |
| 3 Eier | cremig rühren. |
| 250 g Mehl | mit |
| 1 Pck. Backpulver | nach und nach zugeben. Anschließend |
| 3 EL Kakao | hinzufügen und vermengen. Den Teig auf ein Blech streichen und 20 bis 30 Minuten bei 150 °C backen (er ist fertig, wenn sich der Rand löst). |

### Die Creme

| | |
|---:|---|
| 1 Pck. Schokoladenguss | im Wasserbad schmelzen. |
| 250 g Butter | schaumig rühren und den Guss darunterrühren. |
| 1 Fläschchen Rum-Aroma | über den Kuchen streichen und anschließend die Creme darübergeben. |

### Die Trüffel

| | |
|---:|---|
| 100 g Weizenpulver | |
| 100 g Puderzucker | und |
| 3 EL Kakao | mit |
| 1 Fläschchen Rum-Aroma | vermischen. |
| 80 g Kokosfett | schmelzen und unter den Teig heben. Zum Schluss den Teig als Streusel auf dem Kuchen verteilen. |

*Der Nachwuchs wird an die Backhaustradition in Wohlmuthausen herangeführt.*

## Kuchen und Torten

# Rhöner Zwiebelkuchen

| | |
|---:|:---|
| 750 g Sauerteig | bei Raumtemperatur gehen lassen. Den Teig ausrollen und auf ein gefettetes Blech legen. |
| 400 g Schmand | daraufstreichen. |
| Kümmel | nach Geschmack darüberstreuen. |
| 7 – 8 Zwiebeln | klein schneiden, glasig dünsten und auf dem Teig verteilen. |
| 250 g Speck | und |
| Schinken | würfeln und ebenfalls auf den Teig geben. Den Zwiebelkuchen bei 220 °C etwa 15 Minuten backen. |

*Ein fränkischer Lehmbackofen auf dem Gutshof Sinnershausen*

*Wanderung des Feuerwehrvereins Mittelsdorf*

Getränke

# Erdbeerbowle

| | |
|---:|:---|
| 20 g frische Erdbeeren | mit |
| 100 g Zucker | bestreuen. |
| 1 l Weißwein | darübergießen und zugedeckt 1 Stunde ziehen lassen. Nach Belieben |
| 750 ml Sekt | oder |
| 750 ml Mineralwasser | dazugeben. |

# Waldmeisterbowle

| | |
|---:|:---|
| 50 g Waldmeister (noch nicht aufgeblüht) | waschen und ohne Stiele in |
| 1½ l Weißwein | tauchen. Etwa 30 Minuten ziehen lassen. Das Kraut entfernen, mit |
| 50 g Zucker | abschmecken und vor dem Servieren |
| 750 ml Sekt | zugeben. |

*Blick über Unterweid ins Ulstertal*

*Das Portal der Kirche von Zella flankiert eine Steinplastik.*

## Eierlikör

| | |
|---:|:---|
| 8 Eigelb | mit |
| 200 g Zucker | und |
| 1 Pck. Vanillezucker | mit dem Handrührgerät so lange schlagen, bis die Masse sich verdoppelt hat. Nach und nach |
| 500 ml Weinbrand | zugeben. Den fertigen Eierlikör in Flaschen füllen und stehend einige Wochen aufbewahren. |

## Eierpunsch

| | |
|---:|:---|
| 200 g Zucker | mit etwas |
| Zitronenschale | und |
| 250 ml Wasser | 5 Minuten kochen, anschließend durchseihen. Zusammen mit |
| 3 Eier (verquirlt) | und |
| 750 ml Wein | unter ständigem Rühren erhitzen, bis die Masse schaumig ist. |
| 250 ml Weinbrand | und den Saft von |
| ½ Zitrone | zufügen. Zum Schluss nochmals kräftig schlagen. |

*Die Dorfkirche von Andenhausen*

Für Zwischendurch

# Vom Bierbrauen in der Thüringischen Rhön und der Rhönbrauerei Kaltennordheim

Brot, Bier, Hülsenfrüchte und Zwiebeln waren Jahrhunderte lang die Grundnahrungsmittel des gemeinen Volkes. Fleisch kam nur selten auf den Tisch. Den Bedarf an Milch lieferten vor allem die Ziegen, da nur Wenige Milchkühe besaßen. Die Menschen erzeugten alles, was sie zum Leben brauchten auf dem eigenen Hof und Acker selbst. Das Bier war zu jener Zeit kein Genussmittel. Es war alltägliche Nahrungsgrundlage. Das hausgebraute Bier enthielt im Gegensatz zu heute einen geringen Alkoholwert, so dass man es zu allen Mahlzeiten vom Morgen bis zum Abend trinken konnte, ohne dass es unangenehme Folgen hatte. Jede Hausbräu hatte ihren eigenen Geschmack. Zweimal jährlich wurde gebraut – einmal im Frühjahr, um die Zeit der Aussaat und einmal im Herbst nach der Ernte.

Brauen zum eigenen Verbrauch konnte jeder, der die entsprechenden Voraussetzungen auf seiner Hofrait hatte. Er war lediglich zu den Abgaben verpflichtet. Der Bierverkauf und der Ausschank waren jedoch nur dem gestattet, der die entsprechende Brau- bzw. Schankgerechtigkeit besaß. Diese musste käuflich erworben werden. Außerdem musste er die festgesetzte Tranksteuer an das Amt zahlen. Erst im 16. Jahrhundert wurde es anders. Die Brau- und Schankrechte wurden nun den Städten zugeschlagen. Jährlich wurde einmal auf dem Rathaus die Reihenfolge der Brauer ausgelost.

*Der Seniorchef Frieder Dittmar im Brauereimuseum*

*Schalander der Rhönbrauerei*

## Für Zwischendurch

Gegen Ende des 18. Jahrhunderts verlor das Braurecht mehr und mehr an Wert. Schließlich wurde es nur noch für die Hälfte der ehemals gezahlten Summe verkauft. Im 19. Jahrhundert ging das Braurecht an gewerbliche Betreiber über. Aus diesem Grund verkaufte die Stadt im Jahre 1875 das Brauhaus und die Braugerechtigkeit je zur Hälfte an die Witwe Margarethe Marschall, geborene Salzmann und an Friedrich Christian Dittmar. Im Jahre 1888 erwarb Friedrich Christian Dittmar, genannt der »Hannese Fried«, den Anteil der Margarethe Marschall und war nun alleiniger Besitzer des Brauhauses. Friedrich Christian Dittmars Sohn, der das Brauhandwerk erlernt hatte, baute mit Unterstützung seines Schwiegervaters, des Kaufmanns und Stadtratsvorsitzenden K.W. Walch, in den Jahren nach der Jahrhundertwende um. Im Jahre 1905 wurde die neue Brauerei in Betrieb genommen und nahm einen gewaltigen Aufstieg. Bald wurde das Kaltennordheimer Bier auch überregional bekannt und beliebt.

Zu DDR-Zeiten wurde die Rhönbrauerei enteignet und war ein volkseigener Betrieb. Als die Familie Dittmar ihren Betrieb nach fast 20 Jahren »Volkseigentum« wieder übernahm, trat sie kein leichtes Erbe an. Eine Vielzahl an kostenaufwändigen Modernisierungen war erforderlich. Mehrere Angebote zum Kauf ihres Betriebes erhielt die Familie Dittmar bereits – alle wurden abgelehnt, da man die Familientradition unbedingt erhalten wollte.

*Moderne Technik in der heutigen Produktion der Rhönbrauerei*

*Alte Gerätschaften im Hof der Rhönbrauerei*

## Getränke

# Glühwein

| | |
|---:|:---|
| 250 ml Wasser | |
| 150 g Zucker | mit |
| 2 Nelken | und |
| 1 Stück Zimt | aufkochen. |
| 750 ml Rotwein | zugießen und kurz aufkochen. Die Gewürze herausnehmen. |
| 1 Zitrone | in Scheiben schneiden und den Punsch darübergießen. |

# Hollersekt

| | |
|---:|:---|
| 12 Holunderblütendolden | in einen Steintopf legen. |
| 10 l Leitungswasser | mit |
| 250 ml Weinessig | und |
| 1 kg Zucker | auf die Holunderblütendolden geben. |
| 3 Zitronen (unbehandelt) | gründlich abbürsten und in grobe Stücke schneiden. Die Zitronen in den Steintopf geben und umrühren. Den Topf abdecken und warm stellen, viermal täglich umrühren. Nach 3 bis 4 Tagen durchsieben, in Bügelflaschen füllen, kalt und dunkel stellen. Nach 14 Tagen ist der Hollersekt verzehrfertig. |

*Eingangstür eines Fachwerkhauses in Kaltensundheim.*

Getränke

# Holunderlikör

*Von Sonja Krug aus Empfertshausen*

| | |
|---:|:---|
| 1,5 kg Holunderbeeren | entstielen und mit |
| 2 l Wasser | 30 Minuten kochen, danach durchseihen. Anschließend |
| 375 g Zucker | und |
| 1 Stange Vanille | hinzugeben. Alles nochmals 30 Minuten kochen und abkühlen lassen. Danach |
| 750 ml Wodka (42 Vol.-%) | dazugeben. In Flaschen abfüllen und genießen. |

*Wunderschöne Hutbuchen am Wanderweg*

*Sie fühlen sich wohl in Oberweid auf dem Dorfplatz.*

# Getränke

## Kalte Ente

| | |
|---:|:---|
| 1 Zitrone | gründlich waschen und in Scheiben schneiden. Mit |
| 100 g Zucker | bestreuen. Zum Schluss mit |
| 750 ml Weißwein | und |
| 750 ml Mineralwasser | auffüllen. |

*Das Getränk lässt sich mit Orangensaft verfeinern.*

## Kümmellikör

*Von Sonja Krug aus Empfertshausen*

| | |
|---:|:---|
| 3 l Branntwein | mit |
| 200 g Kümmel | und |
| 15 g Sternanis | im Wasserbad gut verschlossen langsam erhitzen und dann etwa 30 Minuten köcheln lassen. |
| 1 kg Zucker | in |
| 1 l Wasser | auflösen. Beide Mischungen nach dem Erkalten vermengen, filtern und in Flaschen abfüllen. |

*Deutsch-Französische Freundschaft in Kaltenwestheim*

# Getränke

## Nougatlikör

| | |
|---:|---|
| 2 Tafeln Nougatschokolade | in kleine Stücke brechen und mit |
| 3 EL Zucker | und |
| 50 ml Sonnenblumenöl | in einem Topf erwärmen. |
| 100 ml weißer Schnaps (Korn) | und |
| 3 Eier (verquirlt) | mit unterrühren. Diese Mischung 5 Minuten im Mixer schlagen. In eine Flasche abfüllen und abkühlen lassen. |

## Eistee

| | |
|---:|---|
| 500 ml Schwarztee | mit |
| Zucker | süßen. Den Tee anschließend über |
| Eiswürfel | gießen und mit |
| Mineralwasser (eisgekühlt) | auffüllen. Zum Schluss mit |
| Zitronenscheiben | garnieren. |

*Die Waschweiber aus Motzlar beim Stadtfest in Geisa*

*Marktspektakel zum Rhöner Wandertag in Geisa*

## »Hollerecke«

Als heilkräftiger Holunder galt schon vor Jahrhunderten der schwarze Früchte tragende Strauch, den man auch einen heiligen Baum nannte und als segensreich und wundertätig verehrte. Vor allem in Europa, wo der Holunder beheimatet ist, bildet er oft die Grundlage für Sagen und Mythen und wird mit Magie und Hexerei in Verbindung gebracht. Es galt als Unheil bringend, einen Holunderbusch zu beseitigen oder als Holz zu verbrennen.

Den Bauern bedeutete es Sicherheit und Schutz, am Hof oder an der Scheune eine »Hollerecke« anzulegen. Wollte man jemandem schaden, schnitt man einige Zweige von dessen Holunderbaum ab. Unter dem Holunderbusch dengelte oft der Bauer seine Sense und Sichel. In manchen Gegenden begrub man die Toten mit einem Holunderzweig. Und auch am Leichenwagen waren Zweige befestigt.

Aus der eigentlichen Wildpflanze entwickelte sich im Laufe vieler Jahre ein Mittel gegen Krankheiten und allerlei Gebrechen. Man verwendete die Frucht, das Holz, die Blüte, den Saft sowie Rinde und Wurzeln. Wegen der vielfältigen Verwendbarkeit wurden sie allgemein geschätzt und werden bis in die Gegenwart beachtet. Schwarzer Holunder wird zu medizinischen Zwecken verwendet, so zur Linderung von Husten, Schnupfen und Bronchitis, aber auch zur Behandlung von Rheuma, Pilzerkrankungen oder Wunden. Holunderblütenwasser klärt die Haut und erfrischt als Badezusatz. Aus den reifen Früchten kocht man gern Konfitüre, Kompott oder Sirup.

Werden die Beeren roh gegessen, können sie hingegen zu Übelkeit und Magenverstimmung führen. Ehrfurchtsvoll nannte man schon früher die nützliche Pflanze zu Recht auch die »Herrgottsapotheke«.

*Blühender Holunder in der Vorderrhön*

*Stausee Grimmelsbach unterhalb von Aschenhausen*

# Stärkungsflip

*Von Sonja Krug aus Empfertshausen*

| | |
|---:|---|
| 1 Ei | mit |
| 1 TL Zucker | gut verrühren. |
| 1 Prise Muskatnuss | zugeben und mit |
| 1 Glas schwerer Rotwein | auffüllen. |

*Dieses Getränk reicht man in mit Eiswürfeln halb gefüllten Weingläsern.*

# Pfefferminzbowle

| | |
|---:|---|
| 50 g frische Minze | säubern, fein hacken. Mit |
| 8 cl Wodka | in ein Gefäß geben, abdecken und etwa 1 Stunde ziehen lassen, dann durchseihen. |
| 1½ Weißwein | zugießen und mit |
| 50 g Zucker | abschmecken. Vor dem Servieren |
| 750 ml Sekt | zugeben. |

*Die Kinder erobern das Bürgermeisteramt zum Karnevalsauftakt.*

# Begriffserläuterungen

| | |
|---|---|
| Abbacken/Ausbacken | Etwas in heißem Fett schwimmend backen. |
| Ablöschen | Das Angießen von scharf angebratenem oder geschmortem Fleisch oder Gemüse. |
| Abschmecken | Eine Speise mit den Grundgewürzen Salz, Pfeffer, Zucker usw. nach eigenem Geschmack würzen. |
| Andünsten/Anschwitzen | Ein Lebensmittel in heißem Fett leicht rösten, ohne es zu braten. Das Lebensmittel soll nur glasig werden, z. B. Zwiebeln. |
| Ausbraten/Auslassen | Den Speck so lange braten, bis das Fett herausgebraten ist. |
| Blanchieren | Zutaten in einen Topf mit kochendem Wasser geben und kurz köcheln lassen. |
| Garen/Köcheln | Eine Speise sollte nicht stark kochen. Die Hitzezufuhr muss so gedrosselt werden, dass nur ein leichtes Aufsteigen von Kochblasen zu sehen ist. |
| Gratinieren | Das Überbacken von Speisen. |
| Legieren | Ist das Binden und Verfeinern von Gerichten mit Eigelb. Das Ei oder Eigelb wird mit warmer Flüssigkeit vermischt und unter ständigem Rühren in die nicht mehr kochende Speise gegeben. |
| Karkasse | Aus dem Französischen: Carcasse für Gerippe. Karkasse nennt man das nach dem Tranchieren meist kleinerer Tiere zurückbleibende Knochengerüst samt eventuell anhaftender Fleischreste. |
| Marinieren | Ist das Einlegen von Lebensmitteln in eine gewürzte Flüssigkeit, um der Speise einen besonderen Geschmack und bessere Haltbarkeit zu verleihen. |
| Mehlschwitze | Traditionelles Bindemittel von Suppen und Saucen (Fett zerlassen und Mehl einrühren). |
| Parieren | Fleisch von Fett und Sehnen befreien. |
| Passieren | Flüssigkeiten durch ein Sieb oder Tuch geben. |
| Pürieren | Ein gares Lebensmittel wird stark zerkleinert. Früher war hierfür in vielen Haushalten die »Flotte Lotte« ein beliebtes Haushaltsgerät, z. B. um Apfelmus herzustellen. |
| Reduzieren | Flüssigkeit fast vollständig verkochen lassen (einkochen). |
| Stocken lassen | Das Garen von Eiern oder Eimasse, bei mäßiger Hitze im Topf oder Wasserbad, ohne dabei das Gargut umzurühren. |
| Wasserbad | Ist eine Methode, um Speisen indirekt mit Hitze zu versorgen. Dabei wird der Topf mit den Speisen in einen anderen Topf mit heißem Wasser auf den Herd gestellt. |
| Zerlassen | Butter oder Margarine in einer Pfanne oder einem Topf bei mäßiger Hitze schmelzen, aber nicht braun werden lassen. |

# Maße und Gewichte

| | | | |
|---|---|---|---|
| 1 gestr. EL Fett | 15 g | 1 Liter | 1000 ml / 1000 ccm |
| 1 gestr. EL Mehl | 10 g | ¾ Liter | 750 ml / 750 ccm |
| 1 geh. EL Mehl | 15 g | ½ Liter | 500 ml / 500 ccm |
| | | ⅜ Liter | 375 ml / 375 ccm |
| 1 kleine Zwiebel | 30 g | ¼ Liter | 250 ml / 250 ccm |
| 1 mittlere Zwiebel | 50 g | ⅛ Liter | 125 ml / 125 ccm |
| 1 große Zwiebel | 70 g | | |
| | | 1 TL | 5 ml |
| 1 kleine Kartoffel | 70 g | 1 EL | 15 ml |
| 1 mittlere Kartoffel | 120 g | 1 Schnapsglas | 20 ml / 2 cl |
| 1 große Kartoffel | 180 g | 1 Tasse | 150 ml |
| | | | |
| ½ kg | 500 g | | |
| 1 kg | 1000 g | | |

# Abkürzungen

| | |
|---|---|
| Msp. | Messerspitze |
| EL | Esslöffel |
| geh. EL | gehäufter Esslöffel |
| gestr. EL | gestrichener Esslöffel |
| TL | Teelöffel |
| geh. TL | gehäufter Teelöffel |
| gestr. TL | gestrichener Teelöffel |
| g | Gramm |
| kg | Kilogramm |
| ml | Milliliter |
| cl | Zentiliter |
| l | Liter |
| ccm | Kubikzentimeter |
| Pck. | Päckchen |
| °C | Grad Celsius |
| TK | Tiefkühlkost |

# Rezeptregister, alphabetisch

## A, B

| | |
|---|---|
| Aal in Dillsoße | 78 |
| Backhähnchen | 68 |
| Bärlauch-Frühlingsnudeln | 122 |
| Bauernfrühstück | 101 |
| Berg und Tal-Kuchen | 142 |
| Biergulasch | 55 |
| Biersoße | 94 |
| Biersuppe | 23 |
| Birnen mit Kirschfüllung | 131 |
| Bunter Heringssalat | 13 |
| Buttermilchkartoffeln | 106 |

## D, E

| | |
|---|---|
| Dicke Nudeln | 120 |
| Echte Mayonnaise | 98 |
| Eierflockensuppe | 41 |
| Eierlikör | 157 |
| Eierlikörkuchen mit Schokoboden | 147 |
| Eierpunsch | 157 |
| Eierringelchen | 144 |
| Eintopf von weißen Bohnen | 22 |
| Eistee | 163 |
| Erdbeerauflauf | 131 |
| Erdbeerbowle | 156 |
| Erdbeereis | 132 |

## F

| | |
|---|---|
| Fischauflauf mit Matjes | 79 |
| Fischeintopf | 80 |
| Fischfilet-Auflauf | 84 |
| Fischfilet in der Auflaufform | 78 |
| Fischfilet in Rahmsoße | 81 |
| Fischspaghetti | 93 |
| Flambierte Sauerkirschen | 130 |
| Frikadellen | 54 |
| Frikassee vom Kalbfleisch | 60 |
| Frikassee von Hühnerfleisch | 67 |
| Frühlingssoße | 99 |

## G

| | |
|---|---|
| Gebackene Käsescheiben | 124 |
| Gebratene Schollen | 80 |
| Gebratene Schweineleber | 62 |
| Gefüllte Äpfel | 132 |
| Gefüllte Eier | 12 |
| Gefüllte Forelle mit Pilzen im Weißweinsud | 92 |
| Gefüllte Kartoffeln | 100 |
| Gefüllte Tomatenpilze | 15 |
| Gefüllt Forelle mit Käse-Mandelschmand | 86 |
| Gelbe Kohlrüben | 42 |
| Gemüsesuppe | 25 |
| Geröstete Grießsuppe | 23 |
| Geschmortes Rindfleisch | 56 |
| Glühwein | 160 |
| Grießklößchensuppe | 24 |
| Grießpudding | 133 |
| Grüne Bohnen-Suppe | 29 |

## H

| | |
|---|---|
| Hasenbraten | 76 |
| Hasenrücken | 77 |
| Hausmachernudeln | 117 |
| Himbeerschaum | 132 |
| Himmel und Aarn | 104 |
| Hollandaise | 98 |
| Hollersekt | 160 |
| Holunder-Likör | 161 |
| Hühnerfrikassee | 69 |
| Hühnertopf | 67 |
| Huller-Zammete | 104 |
| Hummelkuchen | 145 |

## J

| | |
|---|---|
| Joghurtkaltschale | 136 |
| Joghurtsoße | 94 |

## K

| | |
|---|---|
| Kachelwurst | 61 |
| Kalbfleisch mit Pilzen | 57 |
| Kalte Ente | 162 |
| Kalter Hund | 137 |
| Karpfen im Gemüsebeet | 91 |
| Karpfen in Stachelbeer-Fruchtsoße | 85 |
| Kartoffelbällchen (Flögel) | 107 |
| Kartoffel-Käsepfanne | 129 |
| Kartoffelkroketten | 112 |
| Kartoffel-Speck-Salat | 19 |
| Kartoffelsuppe | 40 |
| Kartoffelsuppe aus Zella | 31 |
| Kartoffelsuppe vom Steinberg | 28 |
| Kartoffeltopf | 110 |
| Kartoffel-Zammete | 112 |
| Käsepfanne | 129 |
| Käsepuffer | 124 |
| Käsestrudel | 128 |
| Käsesuppe | 30 |
| Kirschenmichel | 142 |
| Kochkäse | 125 |
| Kohlrübengemüse | 42 |
| Kohlrübensuppe | 30 |
| Kompes | 45 |
| Krautrouladen | 54 |
| Kümmellikör | 162 |
| Kürbiscremesuppe mit Ingwer, Nelken und Koriander | 34 |
| Kürbisgemüse | 43 |
| Kürbissuppe mit Geflügelbrühe | 35 |
| Kürbissuppe mit Zimt, Nelken und Zitrone | 36 |

## L

| | |
|---|---|
| Lachsforelle im Salzteigmantel | 90 |
| Lammeintopf mit Bohnen | 74 |
| Lammeintopf mit Weißkraut | 72 |
| Lammkoteletts | 71 |
| Lammspieß | 72 |

Landgasthof-Hotel mit Tradition, im Herzen der Thüringer Rhön im Biosphärenreservat. Zentrale Lage für Wanderungen und Ausflüge in die Rhön und in den Thüringer Wald. Erleben Sie die familiäre Gastfreundschaft in der 5. Generation und genießen sie die Rhöner- und Thüringer Küche. Als Partnerbetrieb des Biosphärenreservats und aktives Mitglied in der Wirtevereinigung „Aus der Rhön – für die Rhön", ist das Haus für den Regionalen Wareneinsatz ausgezeichnet worden. Besondere kulinarische Aktionen sind im April die Bärlauch-Lammwochen sowie im Mai/Juni die „Hollerwochen", im Oktober die Rhöner Wildwochen u.v.m.

Das Haus verfügt über mehrere Galerie, 10 komfortable Zimmer, eine Ferienwohnung, einen idyllischen Biergarten und eine Liegewiese. Für Kinder sind Spielmöglichkeiten im Garten sowie viele Tiere, wie Rhönschafe, Ziegen, Hühner, Kaninchen, Hausschweine, Katze und Hofhund „Amadeus" am Landgasthof integriert. Eine Kegelbahn und ein Wellnessbereich mit Goethes „Schwitzkasten" runden das Angebot ab.

Viele Erlebnis-Pauschalangebote, von Wellness, Planwagenfahrten, Brauereibesichtigungen, Kräuterseminaren, Hofführungen mit landwirtschaftlichen Erlebniskursen bis zu geführten Wanderungen, lassen keine Langeweile aufkommen.

Interessantes zur Geschichte des Hauses und der Umgebung erfahren Sie in der Ausstellung „Auf Goethes Spuren durch die Rhön", im Nebengebäude.

Die Familie Möllerhenn und das Gute-Quelle-Team erwartet Sie

Unter der Linde 1 · 98634 Kaltensundheim
Tel. (03 69 46) 38 50 · Fax (03 69 46) 3 85 38
E-Mail: gute-quelle@t-online.de
www.gute-quelle.de

| | |
|---|---:|
| Lauchkloß | 48 |
| Leipziger Allerlei | 45 |
| Letscho | 49 |
| Linsenkuller | 143 |

## M

| | |
|---|---:|
| Marinierte Heringe | 85 |
| Matze (Rahmpampes) | 106 |
| Meppels Kartoffelgemüse | 113 |
| Milchsuppe | 37 |
| Mooskuchen | 148 |

## N, O

| | |
|---|---:|
| Nougatlikör | 163 |
| Omas Fiebersuppe | 37 |
| Orangentorte | 151 |

## P

| | |
|---|---:|
| Petersiliensoße | 95 |
| Pfefferminzbowle | 165 |
| Pilzsuppe | 24 |

## R

| | |
|---|---:|
| Rahmsuppe | 38 |
| Rettich-Apfel-Salat | 12 |
| Rhöner Bärlauch-Baguette | 15 |
| Rhöner Blumenkohlsalat | 44 |
| Rhöner Eierspatzen | 116 |
| Rhöner Geflügelsalat | 68 |
| Rhöner Kartoffeldätscher | 111 |
| Rhöner Lammrouladen | 75 |
| Rhöner Nudeltopf mit Geflügelleber | 123 |
| Rhöner Pflaumenmus | 137 |
| Rhöner Spatzenkloß mit Rhöner Spatzensoße | 121 |
| Rhöner Wurstsalat | 19 |
| Rhöner Zwiebelkuchen | 155 |
| Rhönforelle »blau« | 87 |
| Rote Grütze | 138 |
| Rotkraut | 51 |
| Rotweingelee | 139 |
| Rotweinkuchen | 149 |

## S

| | |
|---|---:|
| Sauerkraut | 51 |
| Sauerkrautsalat | 18 |
| Schinkennudeln | 120 |
| Schmalzbrot mir Gänseleber | 70 |
| Schüsselsülze | 16 |
| Schweinebraten | 61 |
| Schweinefilet mit Paprika | 66 |
| Schweinehaxen | 64 |
| Schweinelendenspieß | 63 |
| Schwenkkartoffeln | 110 |
| Selbst gemachte Breite Nudeln | 117 |
| Senf-Sahne-Soße | 98 |
| Spargelsuppe | 39 |
| Stärkeklöße | 115 |
| Stärkungsflip | 165 |
| Sülzwurstsalat | 17 |
| Suppengrün für das ganze Jahr | 49 |

## T

| | |
|---|---:|
| Thüringer Klöße | 105 |
| Tomatenkraut | 50 |
| Tomatensuppe | 38 |
| Trüffelkuchen | 154 |

## W

| | |
|---|---:|
| Waldmeisterbowle | 156 |
| Weihnachtsgans | 70 |
| Weinäpfel mit Vanillesoße | 138 |
| Weiße Bohnen-Suppe | 29 |
| Weißkrautsalat | 18 |
| Wickelhütes mit Sauerkraut | 53 |
| Wickelklöße | 109 |
| Wildpastete | 77 |

## Z

| | |
|---|---:|
| Zerissene Hosen | 141 |
| Zupfkuchen | 150 |
| Zwetschendätscher | 101 |

# Rezeptregister nach Kapiteln

## Salate und Vorspeisen

| | |
|---|---|
| Gefüllte Eier | 12 |
| Rettich-Apfel-Salat | 12 |
| Bunter Heringssalat | 13 |
| Gefüllte Tomatenpilze | 15 |
| Rhöner Bärlauch-Baguette | 15 |
| Schüsselsülze | 16 |
| Sülzwurstsalat | 17 |
| Sauerkrautsalat | 18 |
| Weißkrautsalat | 18 |
| Rhöner Wurstsalat | 19 |
| Kartoffel-Speck-Salat | 19 |

## Suppen und Eintöpfe

| | |
|---|---|
| Eintopf von weißen Bohnen | 22 |
| Biersuppe | 23 |
| Geröstete Grießsuppe | 23 |
| Grießklößchensuppe | 24 |
| Pilzsuppe | 24 |
| Gemüsesuppe | 25 |
| Kartoffelsuppe vom Steinberg | 28 |
| Grüne Bohnen-Suppe | 29 |
| Weiße Bohnen-Suppe | 29 |
| Kohlrübensuppe | 30 |
| Käsesuppe | 30 |
| Kartoffelsuppe aus Zella | 31 |
| Kürbiscremesuppe mit Ingwer, Nelken und Koriander | 34 |
| Kürbissuppe mit Geflügelbrühe | 35 |
| Kürbissuppe mit Zimt, Nelken und Zitrone | 36 |
| Milchsuppe | 37 |
| Omas Fiebersuppe | 37 |
| Rahmsuppe | 38 |
| Tomatensuppe | 38 |
| Spargelsuppe | 39 |
| Kartoffelsuppe | 40 |
| Eierflockensuppe | 41 |

## Gemüsegerichte

| | |
|---|---|
| Gelbe Kohlrüben | 42 |
| Kohlrübengemüse | 42 |
| Kürbisgemüse | 43 |
| Rhöner Blumenkohlsalat | 44 |
| Kompes | 45 |
| Leipziger Allerlei | 45 |
| Lauchkloß | 48 |
| Letscho | 49 |
| Suppengrün für das ganze Jahr | 49 |

| | |
|---|---|
| Tomatenkraut | 50 |
| Rotkraut | 51 |
| Sauerkraut | 51 |
| Wickelhütes mit Sauerkraut | 53 |

## Fleischgerichte mit Rind

| | |
|---|---|
| Frikadellen | 54 |
| Krautrouladen | 54 |
| Biergulasch | 55 |
| Geschmortes Rindfleisch | 56 |
| Kalbfleisch mit Pilzen | 57 |

## mit Schwein

| | |
|---|---|
| Frikassee vom Kalbfleisch | 60 |
| Schweinebraten | 61 |
| Kachelwurst | 61 |
| Gebratene Schweineleber | 62 |
| Schweinelendenspieß | 63 |
| Schweinehaxen | 64 |
| Schweinefilet mit Paprika | 66 |

## mit Geflügel

| | |
|---|---|
| Hühnertopf | 67 |
| Frikassee von Hühnerfleisch | 67 |
| Backhähnchen | 68 |
| Rhöner Geflügelsalat | 68 |
| Hühnerfrikassee | 69 |
| Weihnachtsgans | 70 |
| Schmalzbrot mir Gänseleber | 70 |

## mit Lamm

| | |
|---|---|
| Lammkoteletts | 71 |
| Lammspieß | 72 |
| Lammeintopf mit Weißkraut | 72 |
| Lammeintopf mit Bohnen | 74 |
| Rhöner Lammrouladen | 75 |

## mit Wild

| | |
|---|---|
| Hasenbraten | 76 |
| Hasenrücken | 77 |
| Wildpastete | 77 |

## Fischgerichte

| | |
|---|---|
| Aal in Dillsoße | 78 |
| Fischfilet in der Auflaufform | 78 |
| Fischauflauf mit Matjes | 79 |
| Fischeintopf | 80 |
| Gebratene Schollen | 80 |
| Fischfilet in Rahmsoße | 81 |
| Fischfilet-Auflauf | 84 |
| Karpfen in Stachelbeer-Fruchtsoße | 85 |
| Marinierte Heringe | 85 |
| Gefüllt Forelle mit Käse-Mandelschmand | 86 |
| Rhönforelle »blau« | 87 |
| Lachsforelle im Salzteigmantel | 90 |
| Karpfen im Gemüsebeet | 91 |
| Gefüllte Forelle mit Pilzen im Weißweinsud | 92 |
| Fischspaghetti | 93 |

## Soßen

| | |
|---|---|
| Biersoße | 94 |
| Joghurtsoße | 94 |
| Petersiliensoße | 95 |
| Senf-Sahne-Soße | 98 |
| Echte Mayonnaise | 98 |
| Hollandaise | 98 |
| Frühlingssoße | 99 |

## Kartoffelgerichte und Beilagen

| | |
|---|---|
| Gefüllte Kartoffeln | 100 |
| Zwetschendätscher | 101 |
| Bauernfrühstück | 101 |
| Himmel und Aarn | 104 |
| Huller-Zammete | 104 |
| Thüringer Klöße | 105 |
| Matze (Rahmpampes) | 106 |
| Buttermilchkartoffeln | 106 |
| Kartoffelbällchen (Flögel) | 107 |
| Wickelklöße | 109 |
| Kartoffeltopf | 110 |
| Schwenkkartoffeln | 110 |
| Rhöner Kartoffeldätscher | 111 |
| Kartoffelkroketten | 112 |

Kartoffel-Zammete..........................................112
Meppels Kartoffelgemüse..............................113
Stärkeklöße....................................................115

## Nudelgerichte

Rhöner Eierspatzen........................................116
Selbst gemachte Breite Nudeln .....................117
Hausmachernudeln ........................................117
Dicke Nudeln..................................................120
Schinkennudeln..............................................120
Rhöner Spatzenklöß
mit Rhöner Spatzensoße................................121
Bärlauch-Frühlingsnudeln..............................122
Rhöner Nudeltopf mit Geflügelleber.............123

## Käsegerichte

Gebackene Käsescheiben ..............................124
Käsepuffer .....................................................124
Kochkäse........................................................125
Käsestrudel....................................................128
Käsepfanne....................................................129
Kartoffel-Käsepfanne....................................129

## Süßspeisen und Desserts

Flambierte Sauerkirschen..............................130
Birnen mit Kirschfüllung................................131
Erdbeerauflauf ...............................................131
Erdbeereis......................................................132
Gefüllte Äpfel ................................................132
Himbeerschaum .............................................132
Grießpudding.................................................133
Joghurtkaltschale ..........................................136
Kalter Hund....................................................137
Rhöner Pflaumenmus ....................................137
Rote Grütze ...................................................138
Weinäpfel mit Vanillesoße.............................138
Rotweingelee.................................................139
Zerissene Hosen ............................................141

## Kuchen und Torten

Berg und Tal-Kuchen......................................142
Kirschenmichel...............................................142
Linsenkuller...................................................143
Eierringelchen ...............................................144
Hummelkuchen..............................................145
Eierlikörkuchen mit Schokoboden ................147
Mooskuchen...................................................148
Rotweinkuchen ..............................................149
Zupfkuchen....................................................150
Orangentorte .................................................151
Trüffelkuchen ................................................154
Rhöner Zwiebelkuchen ..................................155

## Getränke

Erdbeerbowle.................................................156
Waldmeisterbowle.........................................156
Eierlikör.........................................................157
Eierpunsch.....................................................157
Glühwein .......................................................160
Hollersekt......................................................160
Holunder-Likör...............................................161
Kalte Ente .....................................................162
Kümmellikör...................................................162
Nougatlikör ...................................................163
Eistee.............................................................163
Stärkungsflip.................................................165
Pfefferminzbowle ..........................................165

---

**EINKAUFEN im BAUERNLADEN**

Rhönhöfe
ÖKOLOGISCHE LEBENSMITTEL

· Wurstwaren
· Milchprodukte
· Naturwaschmittel u.v.a.m
· Fleischpakete 5 bzw. 10 kg

**BIOMILICH – der Trinkgenuss**

Unser Lieferservice liegt im Trend:
· 2x wöchentlich frei Haus · 2 Liter Mehrwegflasche
· handlich leicht
· Vollmilch pasteurisiert mit natürlichem Fettgehalt und
reich an Vitaminen, Eiweiß und Calcium

Mitteldorfer Straße 23 · 98634 Kaltensundheim
Tel. (03 69 46) 2 06 24 oder 2 06 25 · Fax (03 69 46) 2 06 25

# Esskultur

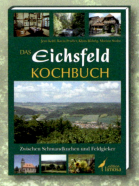

Jens Kohl, Karin Pradler,
Klaus Röhrig, Marion Stolze
192 Seiten, gebunden
17,5 x 24,5 cm
ISBN 978-3-86037-364-4
Preis 19,90 €

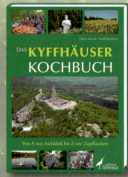

Heinz Noack, Steffi Rohland
192 Seiten, gebunden
17,5 x 24,5 cm
ISBN 978-3-86037-435-1
Preis 19,90 €

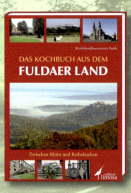

Bezirkslandfrauenverein Fulda
192 Seiten, gebunden
17,5 x 24,5 cm
ISBN 978-3-86037-419-1
Preis 19,90 €

Horst A. Böß, Manfred Schülerin
192 Seiten, gebunden
17,5 x 24,5 cm
ISBN 978-3-86037-427-6
Preis 19,90 €

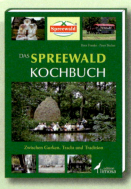

Peter Franke, Peter Becker
192 Seiten, gebunden
17,5 x 24,5 cm
ISBN 978-3-86037-391-0
Preis 19,90 €

Mirko Liencke, Steffen Leistert
192 Seiten, gebunden
17,5 x 24,5 cm
ISBN 978-3-86037-460-3
Preis 21,90 €

Die schönsten Seiten Deutschlands finden Sie unter www.limosa.de

# Bildquellennachweis

Umschlag vorne: (Mitte) Foto-LPV Rhön;
Umschlag hinten: (u.l.) Eberhardt Mäurer;
Seite 3: (gr) Edition Limosa GmbH; 5: (gr) Anett Mitt; 6: (kl) Iris Friedrich; 18: (kl) Foto-LPV Rhön; 24: (gr) David Nolte; 26: (kl) Foto-LPV Rhön; 27: (gr) Foto-LPV Rhön, (kl) Foto-LPV Rhön; 31: (gr) Foto-LPV Rhön; 32: (kl) David Nolte; 33: (kl) David Nolte; 69: (kl) Eberhardt Mäurer; 82: (kl) David Nolte; 83: (kl) David Nolte; 93: (gr) Eberhardt Mäurer; 94: (kl) Erich Heim; 95: (kl) David Nolte; 98: (kl) David Nolte; 99: (kl) David Nolte; 102: (gr) Eberhardt Mäurer, (kl) Eberhardt Mäurer; 103: (kl) Eberhardt Mäurer; 104: (kl) Erich Heim; 116: (kl) Foto-LPV Rhön; 118: (kl) David Nolte; 127: (gr) Carsten Kallenbach; 130: (kl) David Nolte; 136: (gr) Erich Heim, (kl) David Nolte; 137: (kl) David Nolte; 139: (kl) Erich Heim; 144: (kl) David Nolte; 145: (kl) David Nolte; 146: (kl) Rainer Schachtschabel; 147: (gr) Rainer Schachtschabel; 148: (kl) David Nolte; 149: (kl) David Nolte; 150: (kl) David Nolte; 154: (kl) David Nolte; 155: (kl) David Nolte; 161: (kl) David Nolte; 162: (kl) David Nolte; 163: (gr) Erich Heim, (kl) Erich Heim; 165: (kl) Erich Heim;

Alle übrigen Fotos im Innenteil und auf dem Umschlag stammen von Udo Hodam.